고양이 대학교

고양이 대학교

잇사이 쵸잔시 지음
김현용 번역 · 해설
이부현 감수

고 양 이 에 게 배 우 는 마 음 공 부

안티쿠스
ANTIQUUS

일러두기

- 『고양이 대학교』는 잇사이 쵸잔시(佚齋樗山子, 1659~1732)가 1727년에 쓴 『이나카소우시(田舍莊子)』 전 10권 중 제1장 부분에 해당하는 「고양이 대학교(猫の妙術)」을 번역 · 해설한 것입니다.
- 이 책은 김현용이 국립히로시마대학 건강스포츠학과의 교수인 쿠사마 마스라오(草間益良夫)의 해석을 참고하여 한국어로 번역하고 이에 대한 철학적 해석을 한 것입니다.
- 저작권자를 찾지 못한 부분에 대해 저작권자가 확인 되는 대로 절차에 따라 사용허락을 받거나 계약을 맺을 예정입니다.

추천의 글

일본에서 검도를 배우기 시작해 오늘에 이르기까지 한국과 일본을 오가며 연습도 경기도 하면서 두 나라의 많은 검도인들과 대화를 나누면서 양국의 검도를 조금씩 이해, 비교할 수 있게 되었다. 일본은 검도를 무도로서 인식하는 측면이 강한데 비해 한국은 검도를 스포츠로 인식하는 측면이 강하다.

한국의 검도는 강인한 체력과 빠른 스피드를 바탕으로 반복적인 훈련을 통해 기량을 쌓고 경기에서 이기는 것을 중시한다. 하지만 한국의 검도는 심기일체의 마음과 정신수행적 요소가 경시되고 있다는 느낌을 지울 수가 없다. 이에 관해서 한국의 검도인들과 이야기를 나누면서 내 나름대로 설명을 시도해 보지만 상대방을 충분히 이해시키지 못하기에 나 역시 아직 수련중인 몸이라는 사실을 새삼스레 느끼곤 한다. 이처럼 나는 아직도 수련중이다. 그럼에도 불구하고 부족한 나에게 가르침을 구하는 사랑하는 후배들에게 '몸으로 하는 검도'를 넘어 '마음으로 하는 검도'를 알려주고 싶어 서점을 찾아보았지만 의외로 검도에 관한 서적이 많지 않다는 사실을 알게 되었다.

일본은 검도수련이 '예의범절'과 '바른자세의 형성' 뿐만 아니라 내면적인 '인격형성'에도 긍적적인 것이라 하여 검도를 교육적이고 철학적인 관점에서 연구하고 전파하고 있다. 문부과학성이 2012년 4월부터 중학교에 무도과목을 필수화하기로 한 것은 검도수련의 이러한 측면을 인정했다는 증거이다. 이처럼 일본의 무도교육 현실과 우리나라의 그것을 비교하면 매우 안타깝다.

이번에 출판되는 『고양이 대학교』(원제 : 고양이의 묘술)는 일본 검도계의 고전 중의 하나로 우화 형태로 되어 있어 쉽게 접근할 수 있으면서도 내용면에 있어서는 노장사상을 비롯한 동양철학과 중세 일본에 널리 퍼진 선불교사상이 어우러져 심오한 철학의 세계까지 제시하고 있어 검도인들 뿐만 아니라 일반인들을 위한 교양서적으로서 매우 적합한 책이라 여겨진다. 이 책에서 고양이는 검도수련의 단계를 논하고 있지만 대화의 관점을 바꾸어 보면 모든 인간의 인격적 성장과도 상통한다.

최근의 세계검도선수권대회의 성적을 보면 한국의 검도는 기량과 기술면에서 종주국 일본과 대등하게 겨룰 수 있을 정도로 괄목

상대할 성장을 이루었다고 자부한다. 하지만 진정으로 일본을 넘어서기 위해서는 우리의 검도인들이 기량과 기술뿐만 아니라 정신적인 면에 있어서도 뛰어난 자질을 갖추었으면 좋겠다. 이 책 『고양이 대학교』를 필독함으로써 많은 분들이 '깨달음의 경지'에 대해서 생각하는 계기가 되었으면 좋겠다.

손경익(재일본대한검도회 회장, 민스크대학 경영학 명예박사)

머리말

일본의 문부과학성은 2012년 4월부터 중학교 체육과목에 무도를 필수화 하기로 결정했다. 이는 무도가 가진 교육적 가치를 문부과학성이 인정한 결과였다. 또한 우리나라에서도 2008년 3월 28일 '전통무예진흥법(법령 제9006호)'이 제정되어 무예를 보존 되어야 할 전통문화유산으로 인식하기 시작했다.

하지만 안타깝게도 우리의 전통무예를 체계화할 이론서나 사상서는 수많은 전란으로 인해 분실 혹은 소실되어 오늘날 전해지지 않고 있다. 이에 반해 일본에서는 에도시대에 접어들면서 각 유파의 등장과 더불어 비전서(秘傳書)가 쓰여져 일본의 검술가와 무도가들 뿐만 아니라 교육가, 사상가들에게도 큰 영향을 주었다.

1975년 3월 20일에 제정된 '검도의 이념'에 의하면 검도의 목적은 '인격형성의 길'에 있음을 명시하고 있다. 또한 국제검도연맹(FIK)은 '검도수련의 마음가짐'을 다음과 같이 제시하고 있다.

검도수련상의 마음가짐

검도는 올바르고 진지하게 배워야 하며
검도수련을 통해 신심을 연마하고 왕성한 기력을 기른다.
또한 예의범절을 익히고 신의를 중시하며
매사에 성의를 다해서 임하며 자기수양에 전념한다.
이리하여 국가와 인류의 평화에 기여하는 사람이 된다.

국제검도연맹(FIK)

이와 같이 '검도의 이념'과 '검도수련상의 마음가짐'에서는 검도를 통해 예의범절과 올바른 자세의 함양이라는 형태적인 형성뿐만 아니라 신뢰성, 근면성, 조국애, 인류애의 형성이라는 내면적이고 전인적인 인격형성을 지향하고 있다. 이는 오늘날 검도가 교육적이고 수행적인 가치가 있는 운동문화로 인정 받는 이유 중 하나이다.

하지만 오늘날 검도계는 검도대회의 양적 증가와 더불어 기술적이고 기능적인 면에 있어서는 괄목상대할 만한 성장을 이루었지만 맞추는 식의 검도, 승리지향주의적인 검도로 흘러간다는 경계의 목소리가 제기되어 오고 있다.

야마오카 텟슈(山岡鉄舟, 1836~1888)[1]는 이러한 승리지향주의적인 검술로의 흐름이 올바른 검술 수행에 가장 큰 장애가 됨을 지적하고 이에 대한 해결책으로 잇사이쵸잔시(佚齋樗山子)가 저술한 『고양이 대학교』(원제 : 고양이의 묘술)를 읽고 그 내용을 마음에 깊이 새길 것을 당부했다.

일본 근대의 교육자인 니토베 이나죠(新渡戸稲造, 1862~1933)[2]는 그의 저서 『무사도(武士道)』[3]에서 과거 일본의 무사도는 중국의 철학사상과 불교사상과의 융합을 통해 형성된 것이며 무사도는 새로운 시대에 맞게 발전되어 가야 한다고 지적했다. 더욱이 그리스도교 사상가였던 그는 서양철학이나 그리스도교 사상과의 융합을 제기하기도 했다.

그런데 오늘날 검도는 수련자들에게 어떻게 인식되고 있을까? 일본무도학회의 연구자들이 1980년대 이후 세계의 검도 애호가들을 대상으로 실시한 의식조사 결과에 의하면, 서양의 검도 애호가들은 검도를 스포츠가 아닌 무도로 인식하고 있다. 또한 그들은 검도수련을 통해 예의범절 및 올바른 자세의 형성 뿐만 아니라 전인적인 인격형성을 기대하고 있으며 검도의 전통문화와 철학에 관심을 가지고 있었다.

이러한 경향은 한국과 일본에서도 마찬가지이다. 1993년 전일본전국교육계검도연맹연구부가 전일본검도연맹의 의뢰를 받아 일본의 고등학생과 대학생들을 대상으로 실시한 대규모 조사에 따르면 일본 청소년들은 검도의 전통과 문화에 많은 관심을 가지고 있었다. 또한 저자가 2007년 한국의 청소년(고등학생과 대학생) 2026명을 대상으로 실시한 조사에서도 한국의 청소년들은 검도의 전통문화와 철학에 많은 관심과 흥미를 가지고 있는 것으로 나타났다. 하지만 현행 검도수업은 검도의 전통과 문화에 대한 청소년들의 흥미와 관심을 충족시켜주지 못하는 것으로 나타났다. 더욱이 이러한 검도철학의 부재는 검도를 도중에 그만두게 되는 장애요인 중 하나였다.

일본 후쿠오카교육대학교의 혼다(本田)교수의 보고를 보면 2009년에 동유럽국가인 헝가리공화국 청소년 교육청은 청소년들의 윤리 · 도덕을 바로잡기 위한 교육방책으로 학교체육에 검도를 적극적으로 도입하고자 시도하였다. 헝가리 청소년교육청이 의도한 검도과목의 필수화는 실현되지 않았지만 이는 오늘날 유럽에서 검도가 어떻게 인식되고 있는지를 시사하는 내용이다.

최근 우리의 무도계에서도 '무도학의 발전과 미래'에 대하여 진지하게 고민하기 시작했다. 그동안 무도학은 사회과학과 자연과학 분야에 있어서는 많은 연구가 이루어졌지만 철학, 역사와 같은 인문과학 분야에 있어서는 많은 연구가 이루어지지 못했다. 하지만 오늘날의 무도관계자들은 검도의 철학과 역사에 대한 많은 연구가 선행되어야 한다는 인식에 동의하기 시작했다. 하지만 오늘날의 무도 관계자들은 검도의 철학과 역사에 대한 많은 연구가 선행되어야 한다는 인식에 동의하기 시작했다.

이에 저자는 무도철학의 발전을 위한 기초자료로서 『고양이 대학교』(원제 : 고양이의 묘술)를 번역하고 그 철학적 해석을 시도했다. 『고양이 대학교』는 에도 중기에 쓰여진 것으로 야마오카 텟슈와 치바 슈사쿠(千葉周作, 1793~1856)[4]를 비롯한 일본무도가, 교육자, 사상가, 정치가들에게 큰 영향을 준 무도서이자 마음수양서이다. 하지만 안타깝게도 우리나라에는 『고양이 대학교』가 제대로 소개되지 않았다. 『고양이 대학교』는 비록 일본의 검술비전서이지만 동양철학과 불교사상을 바탕으로 쓰여진 무도철학서이다. 저자는 우리 무도철학 연구의 무궁한 발전을 기원하며 한국의 검도지도자들과 검도수련자들이 이 책을 읽기를 권한다. 『고양이 대학교』는 우리에게 이질감을 주는 낯선 내용이 아니라 친숙한 내용이다. 또한 무도 전문가들뿐만 아니라 무도에 전문지식이 없는 일반인들에게도 마음 수양서로서 추천하고 싶다.

『고양이 대학교』는 저자가 스승인 쿠사마 마스라오(草間益良夫)[5] 교수의 해석을 참고하여 한국어로 번역하고 이에 대한 철학적 해석을 한 것이다.

차 례

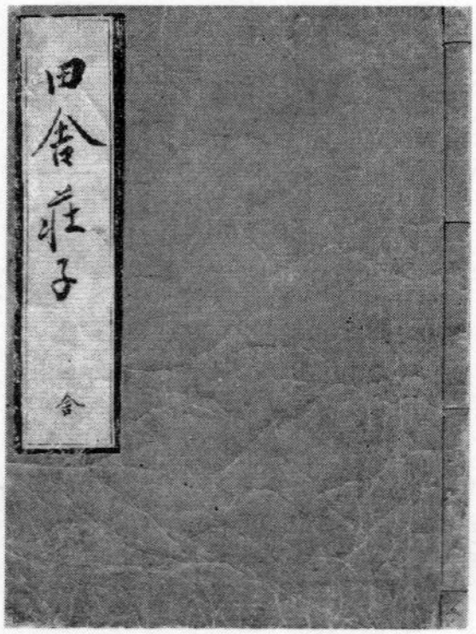

1727년판 『이나카소우시(田舎荘子)』 표지

『고양이 대학교』(원제 : 고양이의 묘술)의 저자

『고양이 대학교』(원제 : 고양이의 묘술)는 에도시대의 은수(隱修)• 사무라이이자 계몽사상가였던 잇사이 쵸잔시(佚齋樗山子, 1659~1732)의 『이나카소우시(田舎荘子)』 전10권 중 제1장 부분에 해당하는 내용이다.

잇사이는 오늘날 미에현(三重県) 가메야마시(亀山市)인 시모우사노쿠니세키야도번(下總国関宿藩)의 영주인 쿠세야마토노카미(久世大和守)의 가신(家臣)으로 본명은 니와쥬로자에몬 다다아키(丹羽十郎左衛門忠明)로 알려져 있다.

잇사이의 직책은 300석의 급료를 받는 하타부교(旗奉行)로 후

• 은수(隱修) : 숨어서 도를 닦음

에 스스로 관직을 그만두고 83세에 세상을 떠나기 전까지 은수(隱修) 생활을 하면서 검술수련과 저술활동에 몰두했다. 저자는 병학무술(兵學武術) 뿐만아니라 유교, 불교, 도교에 능통했으며 특히 노장사상과 선사상에 심취한 뛰어난 문장가였다.

잇사이 쵸잔시는 관직을 떠난후 『고양이 대학교』가 포함된 『이나카소우시(田舍莊子)』를 비롯하여 『텐구예술론(天狗芸術論)』, 『가하쿠세이아문담(河伯井蛙文談)』, 『영웅군담(英雄軍談)』 등의 저술을 후세에 남겼다.

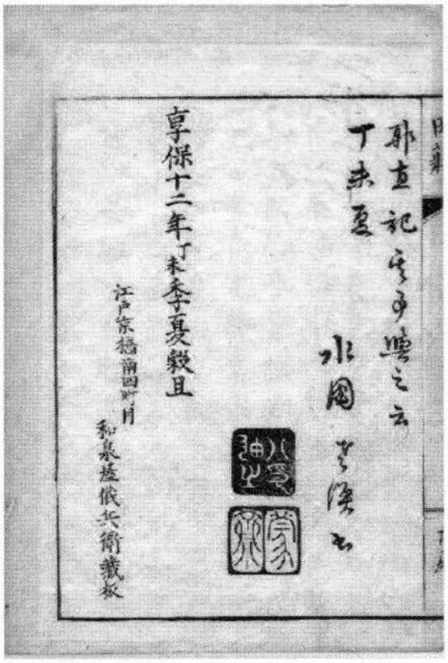

『이나카소우시(田舍莊子)』의 출판연도(1727년)가 적혀있다.

작품의 줄거리

『고양이 대학교』는 검술가 쇼켄의 집에 나타난 쥐를 퇴치한 늙은 고양이가 병법자의 마음 자세를 설파한다는 내용이다. 이야기속에 등장하는 다른 고양이들은 수행자의 수행단계를 나타낸다. 날카롭게 생긴 검은 고양이는 스피드와 기술에 의존하는 수행자, 큰

『고양이 대학교』의 삽입 그림(1853년 작품)

호랑이 무늬 고양이는 기력과 기세에 의존하는 수행자, 초로(初老)의 회색털 고양이는 노련한 경험을 앞세운 수행자를 의미한다. 이들은 모두 스스로를 대단하다고 생각하는 고양이들이다. 그러나 이 고양이들은 검술가 쇼켄의 집에 나타난 쥐를 잡지 못했다. 늙은 고양이는 그 이유를 마음의 문제로 환원시켜서 설명하고 있다.

이야기의 후반부는 쇼켄의 질문에 대한 늙은 고양이의 대답으로 이루어 지는데 늙은 고양이는 오랫동안 검술을 수련해 오면서 아직도 도(道)에 도달하지 못하고 있는 쇼켄에게 검술의 정도(正道)에 대해서 설파하고 있다.

시대적 배경

잇사이 쵸잔시(佚齋樗山子, 1659~1732)가 살았던 시대는 사회적인 대 변환기였다. 에도시대 제8대 쇼군 도쿠가와 요시무네(徳

도쿠가와 요시무네
(도쿠가와 기념재단 소장)

川吉宗, 1716~1745)는 1716년에 정권을 잡으면서 경제적, 사회적 혼란을 극복하기 위해 쿄호(享保)의 개혁을 단행했다.

이전의 겐로쿠(元禄)시대(1688~1703)는 상인문화가 꽃을 피우면서 유곽(遊廓)• 에서의 남녀의 정사(情事)를 주제로 한 고우쇼쿠혼(好色本) 즉 오늘날의 에로서적이나 에도 사람들의 인정(人情)을 묘사한 풍속소설이 유행하면서 윤리적 문제가 대두되었다. 이에 문제의식을 느낀 도쿠가와 요시무네는 정권을 잡음과 동시에 행정개혁, 문무장려, 서민교화책을 단행했다. 특히 그는 에도 초기로의 복고를 주장하며 윤리 · 도덕적인 개혁을 단행했다.

이러한 시대적 배경속에서 돌연 문단에 등장해 일세를 풍미한

• 유곽(遊廓) : 공창(公娼) 제도 아래에서, 창녀들이 모여서 몸을 팔던 집.

것이 잇사이 쵸잔시의 작품 『고양이 대학교』였다. 그는 『고양이 대학교』가 히트 칠것이라고는 전혀 상상하지 못했다. 그가 『고양이 대학교』를 저술한 목적은 사무라이 일가인 그의 가족들에게 그가 갈고 닦은 검술의 정도를 가르치고자 한 것이었다. 하지만 그의 저술은 당시의 시대적 요청과 우연히 맞아 떨어지면서 에도시대 중기의 베스트셀러가 되었다. 특히 근대에 이르러서는 에도막부 말기에서 메이지시대에 걸쳐 활약한 당대 최고의 검객 야마오카 텟슈(山岡鉄舟)가 『고양이 대학교』를 몰래 애독했다고 전해지면서 오늘날에까지 일본인들에게 무도의 비전서(秘傳書)이자 마음수양서로 읽혀지고 있다.

『고양이 대학교』의 이론적 배경

검도는 검술, 격검(擊劍)• 에서 검도로 변천하는 과정에서 불교사상과 중국의 철학사상 특히 공자, 맹자, 왕양명, 노자, 장자 등의 영향을 크게 받았다. 특히 공자의 정치도덕사상은 사무라이들이 관료화 되는 과정상 하나의 처세술이자 행동적인 뒷받침을 마련해주는 윤리적인 도덕규범이 되었고, 맹자의 급진적이고 다소 서

• 격검(擊劍) : 죽도(竹刀)로 상대편을 치거나 찔러서 얻은 점수로 승패를 겨루는 운동 경기

민적인 사상은 하급 사무라이들에게 정신적인 영향을 주었다.

하지만 공자왈 맹자왈 하는 식의 가르침은 자칫 형식주의에 치우칠 위험성이 제기되면서 실천궁행(實踐躬行) 사상이 대두되었고 왕양명(王陽明, 1472~1529)에게서 지행합일(知行合一) 사상을 빌려오게 되었다. 특히 왕양명의 '심성론(心性論)'은 마음의 중요성을 부각시켰고 노자, 장자의 신비주의적 사상과의 접목이 이루어졌다.

잇사이 쵸잔시의 『고양이 대학교』는 에도시대 최고의 검술가 중에 한 명으로 알려져 있는 야마오카 텟슈(山岡鉄舟)가 애독하고 그가 창시한 무도류의 비전서로 간직한 것에서 일도류(一刀流) 전서의 하나로 오해되기도 했지만 사실은 잇사이 쵸잔시가 1727년에 출간한 『이나카소우시(田舎荘子)』 전10권 중 제1장 부분에 해당되는 내용이다. 『이나카소우시(田舎荘子)』는 에도시대에도 그 수가 많지 않은 도가사상의 계몽서로 장자의 난해한 사상을 그 특유의 우화 방식을 빌려서 평이한 문체로 소개하고 있다.

원래 『장자』의 원전은 직인(職人)•을 등장시켜 그 직인들이 기술을 갈고 닦아 무위자연(無爲自然)의 도를 체현하고 명인 혹은 달인(達人)이 된다는 이야기이다. 또한 장자의 서술방법은 대부분이 기발한 우화와 고묘(高妙)한 비유를 통해 진실을 파악하는

• 직인(職人) : 자기 손재주로 물건을 만드는 것을 업으로 하는 사람.

무도류를 창시한 야마오카 텟슈

방법을 취하고 있다. 본서인 『고양이 대학교』도 『장자』 「달생(達生)」 편의 '목계(木鷄)'와 비슷한 이야기로 고양이와 쥐와의 겨루기를 통해 검도를 설명하고 있다. 『고양이 대학교』는 장자의 달생편의 투계(鬪鷄, 싸움닭)에서 힌트를 얻어서 적은 글이다. 이는 당시 유행하던 노장사상을 중심으로 고양이와 쥐를 인간과 인간의 검술승부로 의인화하여 검도의 심술(心術)을 설파한 것이다.

작품의 구성요소

이 작품의 구성은 1장 대화의 모티브가 되는 배경과 대화의 주제, 2장 날카롭게 생긴 검은 고양이와 늙은 고양이 사이의 대화, 3장 큰 호랑이 무늬 고양이와 늙은 고양이 사이의 대화, 4장 회색털 초로의 고양이와 늙은 고양이 사이의 대화, 5장 최종 정리에 해당하는 쇼켄의 요청에 대한 늙은 고양이의 답변 등으로 구

미야모토 무사시의
〈투계(鬪鷄)〉
오카야마 오하라초 미야모토무
사시 박물관 소장품

성되어 있다.

1, 2, 3, 4장은 『노자』, 『장자』, 특히 『장자』의 「달생」 편과 관계되는 반면, 최종 결론 내지 최종 정리에 해당하는 5장은 선불교의 주요 경전인 『육조단경』, 『대범천왕문불결의경』, 『금강경』 등을 떠올리게 한다. 그밖에도 『맹자』, 『중용』, 『논어』, 『주역』 등의 논의들이 작품에 산발적으로 삽입되어 있다. 이 책에서는 편의상 1, 2, 3, 4장을 작품의 전반부로, 5장을 후반부로 부른다.

이 작품을 구성하는 전반부의 기본적 틀은 고양이와 쥐를 주인공으로 하는 우화의 방법과 대화의 방법을 취하고 있다. 이는 『장자』에서 가져온 아이디어이다. 이 책에서는 『장자』 「달생」 편 '싸움닭(鬪鷄) 이야기'를 단서로 한 『고양이 대학교』의 배경과 주제에 대한 논의에서 시작해, 상술한 구성 순서에 따라 전반부는 주로 『장자』의 「달생」 편과 후반부는 여러 불교 경전을 통해 해석했다. 경우에 따라 유학의 경전도 끌어왔다.

『고양이 대학교』의 번역과 철학적 해석

작품의 배경과 대화 주제—『장자』 「달생」 편의 '싸움닭 이야기'

우타가와 쿠니요시(歌川国芳)의 우키요에(浮世絵)
광언(狂言)을 하는 고양이들

등장 인물은 쥐, 고양이, 검술사 쇼켄 등이다. 이는 『고양이 대학교』가 격투기인 검도를 염두에 두고 쓰여졌음을 시사한다. 또한 이에 대한 힌트를 『장자』 「달생」 편의 '싸움닭'에서 얻었다는 것 역시 저자의 검도에 대한 관심이 지극했음을 반영하고 있다.

제 1 장

대화의 모티브가 되는 배경과 대화의 주제

쇼켄이라는 검술가가 있었다. 어느 날 그의 집에 큰 쥐가 나타나 백주 대낮부터 돌아다녔다.• ㉮ 그래서 쇼켄은 방문을 닫아 걸고 집에서 기르는 집고양이에게 쥐를 잡도록 했다. 하지만 쥐가 고양이의 얼굴에 뛰어올라 물어뜯자, 고양이는 깜짝 놀라 소리를 지르며 달아나 버렸다. ㉯ 집에서 기르는 고양이로는 도저히 어찌할 방도가 없다고 생각한 쇼켄은 하인에게 집 근처에서 평판이 뛰어나다고 소문난 고양이들을 데려오게 했다. 하인이 고양이들을 데려오자 쇼켄은 쥐가 있는 방 안에 고양이들을 밀어 넣고 방안을 살며시 엿보았다.

하지만 방 안에 있는 쥐는 방구석에 가만히 앉아 있다가 고양이가 다가오면 뛰어들어 그 면상을 물어뜯는데, 그 모습이 너무나 처참하여 꼬리를 내린 채 앞으로 나아가는 고양이가 한 마리도 없었다. ㉰ 이를 보고 화가 머리끝까지 치밀어 오른 쇼켄은 쥐를 때려죽이려고 직접 목검을 들고 쫓아 다니면서 방안을 이리저리 휘둘렀다. 하지만 쥐는 목검 사이를 빠져나가며 쇼켄의 약만 올렸다.

• 원문 번역—이하의 원문 번역에서 ㉮㉯㉰ 등의 기호는 역자가 해석을 위해 임의로 붙인 것임. 편의상 내용구성에 따라 5장으로 나누었다.

쇼켄이 늙은 고양이에게 검술의 오의(奧義: 심오한 뜻)를 묻는 장면
(日本武道大系中 삽입 그림)

결국, 쇼켄은 방문을 부수고 창호지까지 너덜너덜하게 만들고 말았지만 쥐를 잡지는 못했다. 쥐는 쇼켄의 목검을 피해 공중을 뛰어 넘는데 그 동작이 너무나 민첩하고 번개처럼 빨랐다. 게다가 아차 하면 쇼켄의 면상에까지 뛰어들 기세였다. 쇼켄은 땀을 뻘뻘 흘리면서 하인을 불렀다.

㉣ "여기에서 육, 칠촌 떨어진 곳에 굉장히 뛰어난 고양이가 있다는 소문을 들었다. 그 녀석을 당장 빌려오너라."

하인은 즉시 수소문해 그 고양이를 데리고 왔다. 그런데 하인이 데리고 온 고양이는 그 생김새가 전혀 똘똘해 보이지 않고 소문처럼 시원시원해 보이지도 않는 단지 늙은 고양이였다. 그러나 하인이 우선 집어 넣어 보라고 권하기에 늙은 고양이를 방안에 집어넣었더니, 쥐는 갑자기 위축되어 전혀 움직이질 못했다. 늙은 고양이는 아무 일도 없었다는 듯이 느릿느릿 걸어가서 그 쥐를 물어와 쇼켄에게 바쳤다.

㉲ 그날 밤 동네 고양이들이 회의를 소집했다. 동네 고양이들은 쇼켄의 집에 모여, 쥐를 잡은 늙은 고양이를 상석에 앉히고 그 앞에 모두 무릎을 꿇고 앉았다.

그러자 무리의 대표로 보이는 고양이가 나와 예의를 표하면서 말하기를,

"저희들은 모두 뛰어난 고양이라 불리며 쥐 잡는 기술을 수련해 왔습니다. 쥐라고 하면 그것이 족제비든 수달이든 가리지 않고 붙잡으려고 발톱을 갈고 닦아 왔는데, 지금까지 이처럼 강한 쥐를 만나 본 적이 없습니다. 선생님께서는 도대체 어떤 기술을 사용하셔서 그처럼 간단하게 그 쥐를 복종 시키셨는지요? 제발, 저희들에게도 선생님의 그 묘술(妙術)을 가르쳐 주십시오."

노인 고양이는 웃으면서 대답했다.

"여기 모인 여러분은 모두 젊은 고양이들로서 각자 아주 훌륭하게 수련을 해왔지만, 아직 정도(正道)에 대해서 들어 본 적이 없기 때문에 예상 외의 상대를 만나서 실패하지 않았나 싶습니다. 자! 그럼, 제가 이야기를 하기 전에, 먼저 여러분들이 어떻게 수

행해 왔는지를 들어 보면 좋겠습니다."

『장자』「달생」 편의 '싸움닭 이야기'는 다음과 같다. 기성자(紀渻子)가 왕을 위해 싸움닭을 길렀다. ㉮ 열흘이 지나 왕이 물었다. "(싸움)닭이 되었느냐?" "아직 안 되었습니다. 지금은 쓸데없이 허세만 부리고 자기 힘만 믿습니다(方虛憍而恃氣)." ㉯ 다시 열흘이 지나 왕이 물었다. "아직 안 되었습니다. 다른 닭의 울음소리나 모습만 봐도 덤벼듭니다(猶應嚮景)." ㉰ 다시 열흘이 지나 왕이 또 물었다. "아직 안 되었습니다. 아직도 상대를 노려보고, 혈기 왕성합니다(猶疾視而盛氣)." ㉱ 다시 열흘이 지나 왕이 또 물었다. "이제 됐습니다. 상대가 울음소리를 내어도 아무 변화가 없습니다. 멀리서 보면 마치 나무로 깎아 놓은 닭(木鷄)과 같습니다. 그 덕이 온전해진 것입니다(其德全矣). 다른 닭이 감히 대응을 하지 못하고 도망쳐 버립니다."[1]

이 두 이야기는 소재는 다르지만, 공통점을 갖고 있다. 두 이야기의 첫 번째 공통점은 둘 다 4개의 발전적 단계를 설정하고 있다는 것이다. 전자에는 발전 단계가 ㉮ 집 고양이 ㉯ 근처의 평판 있는 고양이 ㉰ 쇼켄 ㉱ 늙은 고양이 순으로 되어 있는 반면, 후자에는 동일한 닭이 ㉮ 허세와 자기 힘만 부리는 닭 ㉯ 상대의 울음소리나 모습만 보아도 공격하는 닭 ㉰ 상대를 노려보고, 혈기 왕성한 닭 ㉱ 상대의 겉모습에 아무런 반응도 하지 않는 마치 나무로 깎아 놓은 닭과 같은 닭 등의 순서로 되어 있다.

두 번째 공통점은 정점에 서 있는 고양이와 닭의 유사성이다. 전자에서는 똘똘해 보이지도 시원시원해 보이지도 않는 늙은 고양이가 정점에서 서 있는 반면 후자에서는 상대의 겉모습에 아무런 반응도 하지 않는 마치 나무로 깎아 놓은 듯한 닭이 정점에 서 있다. 이런 표현은 덕이 온전한 상태(德全), 완전한 허심(虛心), 무심(無心)에서 생기는 내면의 힘이 겉으로 허세를 부리는 공격 자세를 압도한다는 것을 암시하고 있다. 이는 곧, 부드러움이 강함을 이긴다는 원리이다.

세 번째 공통점은 양자에서 정점에 서 있는 고양이와 닭은 둘 다 세월의 연륜을 전제하고 있다. 전자에서는 늙은 고양이로, 후자에서는 싸움닭으로 키우기 시작한 지 40일이 지난 퇴계(退鷄)이다. 그렇다면 진정한 기술은 젊은이의 기술이나 기세와는 별 관계가 없다는 말이다.

그렇다면 네 번째 공통점은 양자에서 앞의 세 단계는 모두 겉으로 드러나는 기교나 기세와 관계된다면, 마지막 단계는 전 단계와 질적으로 완전히 다른, 내면에서 일어나는 마음의 태도와 관계된다고 볼 수 있다. 그렇게 본다면, 양쪽 이야기에서 4개의 단계는 드러나는 겉모습에 치중하는 단계와 완전히 자유로워진 소요(逍遙)의 단계 등 2개의 단계로 축소할 수 있다.

『고양이 대학교』는 겉으로 드러나는 기교나 기세가 아니라, 마음이 온전히 비워져 완전히 자유로워진 단계가 있음을 말하고자 한다. 「달생」 편은 설화를 통해 신기(神技)의 경지가 있음을 주된 내용으로 하고 있다. 무심망아(無心忘我)의 심경을 터득할 때, 진정한 기(技)가 저절로 생기며 천지자연에 순응하여 모든 인간의 인위적인 지식을 물리칠 때, 지인(至人)•에 이를 수 있다고 말하고 있다.

『고양이 대학교』에 나오는 전반부의 대화 내용은 이러한 내용을 근간으로 해서 이루어지고 있다. 달리 말하면 『고양이 대학교』의 전반부는 「달생」 편의 논의를 검술을 염두에 두고 나름대로 다시 각색한 것이라 할 수 있다.

㉮는 쥐를 잡는데 실패한 동네 고양이들이 늙은 고양이를 초대하여 쥐를 잡는 비결을 묻고 답하는 이야기이다. 여기서 사용되는 개념은 기술 · 수련과 묘술 · 정도(正道)라는 서로 상반되는 개념이다. 이 두 개념은 서로 질적으로 완전히 다른 개념이며, 질적으로 전혀 다른 두 단계를 암시한다. 즉 기술 · 수련이 겉으로 드러나는 기교나 기세에 해당한다면, 묘술 · 정도는 「달생」 편에서 말하는 신기(神技)의 경지와 관계된다.

• 지인(至人) : 더없이 덕이 높은 사람.

제 2 장

날카롭게 생긴 검은 고양이와 늙은 고양이 사이의 대화

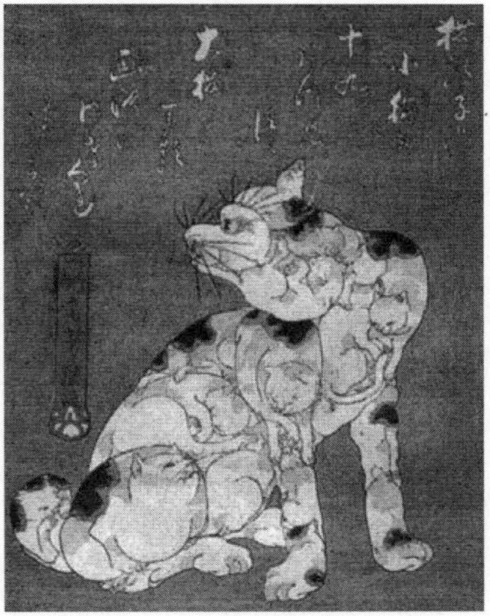

우타가와 쿠니요시(歌川国芳)의 우키요에(浮世絵)

그러자, 고양이들 무리 중 날카롭게 생긴 검은 고양이 한 마리가 앞으로 나와서,

"저는 쥐를 잡는 집안에서 태어나 그 길만을 마음에 두고 7척의 병풍을 뛰어넘고 작은 구멍으로 들어가는 등 새끼 고양이 시절부터 빠른 공격, 가벼운 몸놀림 등 못하는 것이 없습니다. 더욱이 어떤 때는 자는 척하는 임기응변의 술책을 부리거나, 갑자기 천장을 달리는 쥐라고 하더라도 잡지 못한 적이 없습니다. 그런데 오늘은 예상외로 강한 쥐를 만나, 평생 잊을 수 없는 수모를 맛보게 되어 너무나 속이 상합니다."

이를 들은 늙은 고양이가 말하기를

"당신이 수행한 것은 기능적인 동작일뿐 본래 추구해야 할 마음의 기술을 간과하고 있었다고 생각합니다. 옛 선현들이 동작을 가르칠 때는 본래의 마음에 도달하기 위한 하나의 과정으로서 동작과 기술을 가르쳤습니다. 그래서 동작은 단순 명료하지만 그 속에는 깊은 도리(道理)를 내포하고 있지요! 하지만 시간이 지나면서 기술만을 중요시하는 풍조가 만연해져 '이렇게 오면 이렇게 대응한다는 식'의 다양한 동작과 기술을 만들어 아주 정교하고 치밀하게 연습하지만, 당장 습득할 수 있는 눈앞의 기술에 집착하게 되어 안타깝게도 결국은 기술로 우열을 가리는 식이 되고 말았지요. 결국 시간이 지나면서 그 기술 개발도 바닥이 나서 어쩔 도리가 없어졌지요. 소인(小人)으로 눈앞에 보이는 것에만 집착하는 사람은 모두 이러한 자들입니다.

머리로 생각하는 지력(知力)이란 마음 공부에 필요한 것이지만 모든 것이 마음공부의 한 과정이라는 도리(道理)를 간과하고 단지 표면적인 기술만을 좇는다면 이는 잘못의 원인이 되어 앞질러 나가던 지력이 오히려 해가 되는 경우가 많습니다. 이를 자주 반성하고 고민하지 않으면 안 되지요.

이 내용의 기술은 「달생」편에 나오는 '동야직(東野稷)의 이야기'[1]와 비슷하다. 동야직의 말을 모는 솜씨는 나아가고 물러남에 있어 먹줄을 치듯이 하고, 좌우로 돌면 그림쇠로 그리듯 둥글었다. 장공(莊公)은 하도 신기해 논두렁길을 멀리 한 바퀴 돌고 오라고 했다. 그때 장공의 신하인 안합(顔闔)이 장공에게 동야직의 말은 곧 쓰러질 것이라고 했다. 그리고 얼마 후 동야직의 말은 쓰러졌다. 그래서 장공이 안합에게 어떻게 이를 알았느냐고 묻자, 안합이 답했다. "그 말의 힘이 다했는데도, 그대로 달리게 하고 있으니, 그래서 쓰러진다고 했습니다"(其馬力竭矣 而猶求焉. 故曰 敗).고 답했다.

두 이야기에서 차이점이 있다면, 전자는 기술 개발의 한계에 대해 말하고, 후자는 기술이 아무리 뛰어나도 체력의 한계가 있음을 말하고 있다. 하지만 둘 다의 공통점은 인간의 외적 능력의 한계를 말하고 있다는 것이다.

인위적인 지식과 관련해서 「달생」 편에 '덕이 지극한 지인은 어떤 물질적 대상(物境)에도 흔들리지 않고, 불을 밟아도 뜨거워하지 않으며, 아득히 높은 곳에 가도 두려워하지 않는다'고 한다.[2] 이런 경지는 인위적인 지식, 기교, 성과, 용기(知巧果敢) 등으로 얻어지지 않는다. 오히려 우리는 자연과 함께 움직여야 한다. 자연은 인위(人爲)와 대립되는 뜻을 갖는 무위(無爲)이다. 따라서 무위와 자연은 같은 말이다.

또한 「달생」 편은 "(무위자연의) 천(天)적인 것을 여는 자는 덕이 생겨 마음이 편하고, 인위적인 것을 여는 자는 삶을 어지럽힌다(開天者德生. 開人者賊生)."고 한다.[3] 이런 맥락의 논의는 「달생」 편에도 되풀이 되고 있다.[4] 장자는 자연적인 것을 천적(天的)인 것이라 하고, 인간이 행하는 것인 인위와 대립시킨다.

"자연적인 것(天)은 안에 있고, 인위적인 것은 바깥에 있다(天內在, 人在外). 곧, 인위적인 것은 외부의 원인에 의해 운동하는 수동적인 것이라면, 자연적인 것은 오로지 내부의 원인에 의해서만 운동하는 순수 능동적인 것이다. 따라서 우리가 모든 외적인 것에서 완전히 벗어나 순수하게 능동적이지 않을 때, 온전히 자유롭지 않을 때, 우리는 여전히 인위적인 것에 매달려 끌려 다니게 된다. 즉 우리가 자연과 완전히 합일하지 않을 때, 여전히 인위적이게 된다.

『고양이 대학교』에 나오는 이 대화와 장자 사이의 차이점은 전자는 인위적인 지식에 대한 비판이라면, 후자는 지식을 비롯한 인위적인 것 전반에 대한 비판이다. 어쨌든 공통적인 점은 인위적 것들에 대한 비판이다. 이런 논의들은 이어지는 이야기 속에서도 변형된 형태로 되풀이되고 있다.

큰 호랑이 무늬 고양이와 늙은 고양이 사이의 대화

큰 호랑이 무늬 고양이는 호랑이와 같은 기세를 지니고 있는 고양이라는 것을 암시하고 있다.

제 3 장

큰 호랑이 무늬 고양이와 늙은 고양이 사이의 대화

검은 고양이가 무리 속으로 들어가자 큰 호랑이무늬 고양이가 한 발 앞으로 나와서

"저는 무술(武術)이란 기력(氣力)에 바탕을 두고 있다고 생각해 오랜 세월 동안 기력을 단련해 왔습니다. 지금 저의 기력은 활력이 넘치고 그 강건함은 하늘을 찌를 듯 합니다. 저는 적을 먼저 기력으로 압도해서 우선 기력에서 이긴 뒤에 앞으로 나아갑니다. 상대의 소리가 들리면 바로 쫓아 들어가고 조금이라도 상대의 움직임이 포착되면 바로 이에 대응하여 쥐를 오른쪽, 왼쪽으로 쫓아 어떤 변수가 있더라도 잡지 못한 적이 없습니다. 이리하여 이제는 기술을 사용할 때 의지가 없어도 동작이 자연스럽게 솟아나오는 단계에 이르렀습니다. 한번은 천장을 뛰어다니는 쥐를 매섭게 쏘아봐서 떨어뜨려 잡은 적도 있습니다. 그런데 이번에 만난 그 놈의 쥐는 다가 올 때는 그 모습이 없고, 사라질 때도 그 모습이 보이지 않으니 도대체 그 놈의 쥐는 어떤 쥐입니까?"

㉮ 늙은 고양이가 말하기를

"당신의 수련은 기세(氣勢)를 중심으로 움직이는 방법이군요. 이는 자기 자신에게 자신감이 있을 때 즉 젊을 때 가능한 것이지 최선의 방법은 아닙니다. 자신이 먼저 기력에서 이긴 뒤에 앞으로

나아가려고 하면 상대 또한 기력으로 먼저 이기고자 할 것입니다. 그러나 기력으로 승부하여 이기려 해도 이길 수 없는 상대라면 어떻게 하겠습니까? 자신이 기력에서 우위를 차지하여 상대를 소멸시키고자 하면 상대 또한 우위를 차지하고자 할 것입니다. 하지만 우위를 차지할 수 없는 상대가 있을 때는 어떻게 하겠습니까? 자기만 강하고 다른 상대는 모두 약하다는 생각은 대단히 위험한 생각입니다.

㉯ 기력과 활력이 넘치고 강건함이 하늘을 찌를 듯이 느껴지는 것은 기(氣)의 형태(形 혹은 형상—기가 겉으로 드러나는 모습)에 지나지 않습니다. 기세란 겉으로 보기에 맹자(孟子)의 '호연지기(浩然之氣)'와 비슷해 보이지만 사실은 전혀 다른 것입니다. 맹자의 호연지기는 앞을 내다보는 강함이 내재되어 있습니다. 하지만 당신의 경우는 지금 당장의 기세(勢, 힘 혹은 겉으로 드러나는 기운)에만 의존하고 있습니다.

㉰ 그러므로 당신이 얻은 그 성과 또한 힘으로 얻은 것일 뿐입니다. 이는 곧 큰 강(大河)에서 느낄 수 있는 강물의 기세(勢)와 그 근처에 있는 작은 강에서 하룻밤에 범람하는 시냇물의 기세와 비교하는 것에 지나지 않습니다.

㉱ '쥐도 궁지에 몰리면 고양이를 문다'라는 속담이 있듯이, 그 궁지에 몰린 쥐를 한번 생각해 보십시오? 궁지에 몰린 쥐는 기댈 구석이 전혀 없어서 사는 것도 죽는 것도 잊고 욕심마저 잊어버려

서 이기고 지는 것에 대해서는 전혀 생각하지 않습니다. 심지어 자신을 버리고 지키고자 하는 마음도 없지요. 그래서 그 의지는 강철과 같이 강하다고 할 수 있습니다. 이러한 상대가 어떻게 기세에 질 수 있겠습니까? ”

앞의 날카롭게 생긴 쥐가 주장하는 것은 정교한 기술과 그에 관련된 지식이라면, 큰 호랑이 무늬 고양이가 주장하는 것은 왕성한 기력과 기세이다. 이에 대해 늙은 고양이는 기세와 기력의 한계를 ㉮에서 말하고, ㉯에서 『맹자』의 호연지기(공손추상公孫丑上) ㉰ 『장자』의 「추수」 편에 나오는 하백(河伯) 이야기를 연상시키는 논의[1] ㉱ 『장자』의 「달생」 편에 각각 나오는 '술 취한 사람 이야기'[2] 와 '신발과 허리띠 이야기'[3]를 떠올리게 하는 논의 등으로 자신의 입장을 강화하고 있다.

흔히 거론되는 기력이나 기세는 맹자가 말하는 '호연지기'와 다르다. "자기 마음을 극진히 한 사람은 자기의 본성을 알고 자기의 본성을 아는 사람은 하늘을 안다 (盡其心者, 知其性也. 知其性, 則知天矣)." (진심상盡心上) 이때 생기는 마음이 '호연지기'이다. 곧, '호연지기'는 천과 합일된 인간의 기(氣)이며, 그 기운은 "천지 사이에 가득 차 있다(塞于天地之間)." (중용 2장) 이런 기운이 바로 내 안 가득 차면, 나와 온 우주는 하나가 된다. 이런 기운은 나의 젊음에 바탕을 두는 한시적으로 드러나는 나의 기세나 기운과는 다르다.

큰 강의 흐름과 그 지류의 흐름에 대한 논의는 『장자』「추수」 편을 연상시킨다.[4] 가을에 큰물이 나서 여러 강물이 황하로 흘러들었다. 그 흐름이 너무 강해 황하의 신 하백이 흐뭇해하며, 자기가 최고인 줄 알았다. 그러나 물결 따라 동쪽으로 흘러가 북해에 이르니 그 끝이 보이지 않았다. 그래서 자신의 한계를 깨닫게 된다.

궁지에 몰린 쥐 이야기는 『장자』「달생」 편의 이야기를 떠올린다.[5] 술 취한 자가 수레에서 떨어지면, 다치기는 해도 죽는 일이 없다. 그 정신 상태가 무아무심(無我無心)하여 온전하기 때문이다. 그는 수레에 탔다는 것도, 자신이 수레에서 떨어졌다는 것도 모른다. 죽음과 삶, 놀라움과 두려움(死生驚懼) 따위가 아예 없다. 이런 사람은 마음에 생각이 들어가지 않기 때문에, 자신을 잊는다. 발을 잊는 것 망족(忘足)은 신이 꼭 맞기 때문이고, 허리를 잊는 것 망요(忘要)는 띠가 꼭 맞기 때문이다. 그가 시비를 잊는 것 망시비(忘是非)는 그의 마음이 자연에 꼭 들어맞기 때문이다. 심지어 그는 자연과 꼭 알맞다는 것조차도 잊어버린다.

여기서도 눈에 보이는 기세와 전혀 다른 주객합일(主客合一)의 경지가 논의되고 있다. 허심(虛心)과 무심의 경지가 언급되고 있다.

회색털 초로의 고양이와 늙은 고양이 사이의 대화

회색털 초로의 고양이는 깨나 연륜이 있는 고양이의 이미지를 연상시키고 있다. 이들 양자 사이의 문답은 다음과 같다.

제 4 장

회색털 초로의 고양이와 늙은 고양이 사이의 대화

큰 호랑이무늬 고양이가 무리 속으로 들어가자 이번에는 회색털 초로의 고양이가 조용히 앞으로 나와서 말하기를,

"말씀하신 대로 기(氣)가 왕성하다고 해도 그것은 형태에 지나지 않습니다. 형태(形)가 있는 것은 그것이 아주 미세한 것이라 하더라도 눈에 보이기 마련입니다. 그래서 저는 오랫동안 마음 단련을 해 왔습니다. 기세를 드러내지 않고, 다투어 우열을 가리지도 않으며, 화이부동(和而不同)하여 도리에 맞지 않는 일에는 동조하지도 않았습니다. 강하게 나오는 상대에게는 강하게 대응합니다. 저의 기술을 한마디로 말하자면 유막(帷幕, 면적이 넓은 천)과 같습니다.

그 기술은 상대의 돌멩이를 유막으로 부드럽게 감싸는 것이라 표현 할 수 있습니다. 그래서 지금까지 어떤 강한 쥐라고 할지라도 저에게 대항할 수 있는 쥐를 만난 적이 없습니다. 하지만 오늘 만난 쥐는 기세에도 지지 않고 부드러움(和)에도 대응하지 않으며 다가오고 물러서는 것이 마치 신(神, 귀신)의 움직임과 같았습니다. 저는 지금까지 이런 쥐를 만나 본 적이 없습니다."

㉮ 늙은 고양이가 말하기를

"당신이 말하는 부드러움이란 자연적인 부드러움이 아닙니다.

당신은 부드러워지려고 의식하여 일부러 상대방에게 맞추고 있을 뿐입니다. 상대의 날카로운 기세를 받아 치고자 하지만, 조금이라도 마음에 잡념이 생기면 상대는 그 낌새를 금방 알아차리게 되지요. 의식을 해서 부드러워지고자 하면 결국 그 마음이 흐려지고 말지요. 머리 속으로 생각해서 행하는 것은 자연적인 감각을 방해하고 맙니다. 자연적인 감각이 닫혀버리면 당신이 말하는 진정한 자연적인 부드러움이 생겨나지 않습니다. 머리 속으로 생각하지 말고 또한 생각해서 행하지도 말며 자연스러운 감각에 따라 움직일 때 자기의 형태마저 사라지게 됩니다. 바로 이러한 상태에 도달한 자는 이 세상에 그 적수가 없을 것입니다.

그러나 제가 이렇게 말한다고 해서 여러분이 지금까지 익혀오고 지금 배우고 있는 모든 것이 전부 무용지물(無用之物)이라는 뜻은 아닙니다. 제가 말하고자 하는 것은 마음과 기술이 일치 했을 때 심기일체(心技一體) 진정한 동작이 된다는 것입니다. ㉯ 기(氣)는 몸에 반드시 필요한 것입니다. 기가 왕성할 때에는 사태(事態)에 대한 대응이 부드럽게 이루어지고 상대의 힘을 이용할 때에도 자신의 힘만을 사용하지 않게 됩니다. 또한 금석과 같이 딱딱한 것과 부딪혀도 꺾이지 않습니다. 하지만 조금이라도 머리로 생각하게 되면 모든 것이 일부러 의도한 것이 됨으로 자연체(自然體)가 부숴지고 만다는 것을 명심하십시오. 자연체가 부숴지면 상대를 마음으로 제압할 수 없기에 결국 상대가 이쪽의 마음을 파악하여 적의를 품게 되는 것이지요.

㉰ 사실 나는 어떤 기술도 쓰지 않습니다. 단지 마음을 무(無)로 하여 자연에 순응할 따름 입니다. 제가 이렇게 말하지만 사실 도(道)란 한계 지을 수 없는 것입니다. 그러므로 제가 말하는 것이 최선의 방법이라고는 생각하지 마십시오.

옛날 이야기를 하나 하자면,

우리 옆 동네에 고양이 한 마리가 있었습니다. 그 고양이는 하루 종일 잠만 자고, 부실해 보이는 마치 목석과 같은 고양이였습니다. 아무도 그 고양이가 쥐를 잡는 것을 본적이 없었지만 이상하게도 그 고양이 근처에는 쥐가 한 마리도 얼씬거리지 않았습니다.

어느 날 그 고양이가 이사를 했는데, 이사를 해도 마찬가지로 그 고양이 근처에는 쥐가 얼씬도 하지 않았습니다. 너무나 신기해서 저는 그 고양이를 찾아가 그 이유를 물어 보았습니다. 하지만 그 고양이는 대답해주지 않았습니다. 결국 저는 네 번이나 찾아갔지만 네 번 다 그 대답을 듣지 못하고 돌아왔습니다. 아니 대답하지 않았다기보다는 대답할 수가 없었던 것이지요. 그래서 저는 다음과 같은 사실을 깨닫게 되었습니다.

'아는 자는 말하지 않고, 안다고 말하는 자는 모른다.'

(知者不言, 言者不知) (노자 56장)

그 고양이는 자신도 사물도 모두 잊고 무(無)의 경지에 도달한 것입니다. 신과 같은 무력(武力)을 가지고 있으면서도 아무도 죽이지 않는 그러한 경지에 도달한 것입니다. 저는 그때 그 고양이와 저는 하늘과 땅 차이임을 실감하게 되었습니다.

회색털 초로(初老)의 고양이는 눈에 보이는 기운을 수련하기보다 정신을 수련해왔다. 그는 『논어』「자로(子路)」 편에 나오는"군자는 사람들과 화합하지만 부화뇌동하지 않고, 소인은 부화뇌동하지만, 사람들과 화합하지 못한다"(君子和而不同, 小人同而不和). 곧, 군자는 사람들과 잘 지내지만, 옳은 도리를 따르는 사람인 반면, 소인은 주관도 없이 남과 잘 지내고자 하기 때문에, 쉽게 관계가 깨어지는 사람이다. 이 고양이는 공자가 말하는 군자의 길을 수행한 것이다. 이에 대해 늙은 고양이는 노장철학으로 답한다. 이는 장자가 공자를 등장시켜 공자를 공격하는 수법을 저자가 그대로 따른 것이다. 공자의 도리는 여전히 부족하다.

㉮는 공자가 말하는 부드러움이 인위적임을 말하고 있다. 이는 무위자연의 도리를 따르는 부드러움이 아니다. 무위는 『노자』에 열 번이나 나온다(2, 3, 10, 37, 38, 43, 48, 57, 63, 64장). 그 중 38장은 유가의 덕과 대비되어 무위의 덕이 논해지고 있다. "최상의 덕은 덕이라 여기지 않으니 덕이 있고, 하위의 덕은 덕을 잃지 않으려 하니 덕이 없다. 최상의 덕은 무위하여 의도를 갖지

않고 행하고, 하위의 덕은 인위적인 의도를 갖고 행한다(上德不德 是以有德. 下德不失德 是以無德 上德無爲而無以爲 下德爲之而有以爲)." 그 까닭에 "도는 언제나 하는 것이 없으면서도 아니 하는 것이 없다"(道常無爲而無不爲) (37장). 곧, 인위적으로 하지 않는 까닭에 아니 하는 것이 없다는 말이다.

공자 제자인 안연과 공자의 문답이 나오는 『장자』「달생」 편에서도 은근히 공자를 공격하면서 무위의 덕을 말하고 있다.[1] 안연이 말한다. '어떤 못을 건넜는데, 사공의 배 젓는 솜씨가 신기(神技)와 같아, 배 젓는 것에 관해 물었는데, 사공이 답하기를 헤엄을 잘 치는 자는 몇 번 되풀이하면, 잘 젓게 되고, 잠수를 잘하는 자는 배를 본 일이 없어도 곧 젓게 된다고 답하고 입을 다물었다. 어째서 그런지 안연이 공자에게 말해달라고 한다. 이에 '헤엄을 잘 치는 자는 물에 익숙해져 물을 잊기 때문이고, 잠수를 잘 하는 자는 물이 물임조차도 아예 모르기 때문이다'고 공자가 답한다. 여기서 장자는 공자를 등장시켜 공자를 공격함과 동시에 무위를 강조하고 있다. 무위는 인위적인 것을 깡그리 잊어버리는 것이다. 이어서 공자는 "기왓장을 놓고 내기 활을 쏘면 잘 맞고, 허리띠 고리를 놓고 쏘면 주저하게 되어 잘 안 맞게 되고, 황금을 놓고 쏘면 마음이 혼란하여 전혀 맞질 않게 된다(以瓦注者巧. 以鉤注者憚. 以黃金注者殙)."고 말한다. 이는 재주는 마찬가지인데 바깥의 물건이 바뀄기 때문이다. 바깥의 것 때문에 잡념이 마음속에 스며들었기 때문이다.

또 『장자』 「달생」 편에서도 공자와 헤엄치는 자 사이의 문답이 나온다.[2] 공자는 물고기나 자라도 헤엄칠 수 없는 곳에 헤엄치는 사람을 보고 죽으려고 그러는가 보다라고 생각하고 제자를 시켜 그를 건져주라고 했다. 그런데 그 사나이는 물에서 나와 노래를 부르며 둑 밑에서 쉬고 있었다. 그래서 공자가 헤엄에도 도가 있는가 물었다. 그 사나이는 도는 없고 그저 소용돌이와 함께 물속으로 들어가고 솟는 물과 더불어 물 위에 나오며 물길을 따라가며 전혀 힘을 쓰지 않는 것이라 답했다. 이어 문답에서 그 사나이는 마지막으로 "물속을 헤엄칠 수 있는가를 모른채 헤엄치는 것이 바로 천명(不知吾所以然而然命也)."이라 답한다. 그 사나이는 허심과 무심의 경지를 공자에게 가르친 것이다. 그 사나이는 마음과 기술이 일치하는 경지에 이른 것이다. 이 경지가 바로 『고양이 대학교』에서 말하는 신기의 경지이다.

㉯는 기본적으로 ㉮의 논의와 같은 맥락의 이야기이지만, '금석과 같은 딱딱한 것과 부딪혀도, 꺽이지 않는다'는 구절은 「달생」 편의 덕이 지극한 "지인은 금석과 같은 것에 들어가도 가로막히는 법이 없다(至人潛行不窒)."는 구절을 떠올린다.[3] 이는 지인이 "순수한 기를 지키기 때문이지 (是純氣之守也)", 지식이나 기교나 용기 탓이 아니다. "무릇 모습이나, 모양, 소리나, 색채가 있는 모든 것은 사물이다 (凡有貌象聲色者皆物也)." 지인이 순수한 기

를 지킨다는 것은 '형태가 없는 것에서 비롯되는 사물(物之造乎不形)'에 휘둘리지 않고, 변화하는 사물을 넘어선 "불변의 경지에 머문다(止乎無所化)."는 뜻이다. 그리고 '불변의 경지에 머문다'는 뜻은 "사물이 끝나고 비롯되는 근원에서 노닌다(遊乎萬物之所終始)."는 뜻이다. 그는 이미 자연의 덕과 합일되었기 때문이다(合其德).

㉰ "도란 한계가 없는 것이다."라는 주장은 『노자』 48장 "(형태 없는) 무가 틈이 없는 데까지 (두루 다) 스며들어 있다(無有入無間)."를 떠올리고 있다. 여기서 무는 도를 가리킨다. 도는 없는 데가 없이 다 있다. 그래서 도는 한계가 없다. 따라서 도를 한계 지워 정의할 수 없다. 따라서 노자는 "아는 이는 말하지 않고, 말하는 사람은 알지 못한다. 그 구멍을 막고, 그 문을 닫고, 그 날카로움을 꺾어야 한다(知者不言, 言者不知, 塞其兌, 廢其門, 挫其銳)."고 말한다. 여기서 구멍은 눈, 귀, 코 등을 가리키고, 문은 입을 뜻하며, '날카로움을 꺾는다'는 말은 이 구멍과 문을 닫아 이것과 저것을 날카롭게 나누지 말아야 한다는 뜻이다. 곧, 이것과 저것을 한계 짓지 말아야 한다는 것이다. 도 뿐만 아니라, 도의 변화 과정 속에 모든 것을 인간의 지식으로 고정시키기 말아야 한다.

쇼켄의 요청에 대한 늙은 고양이의 답변

우타가와 쿠니요시(歌川国芳)의 우키요에(浮世絵)
「쥐방지 집고양이(鼠よけの猫)」

늙은 고양이는 자신의 이야기를 부정하는 말로 고양이들과의 대화를 일단 마감한다. 이는 저자 자신이 남의 가르침에 의존하지 않고 스스로 깨달아야 한다는 사실을 강조하기 위한 전략으로 해석된다. 이제 저자는 쇼켄의 요청에 따른 늙은 고양이의 답변으로 여태까지의 이야기를 결론적으로 총정리하고 있다.

제 5 장

쇼켄의 요청에 대한 늙은 고양이의 답변

① 우연히 고양이들의 이야기를 엿듣게 된 집주인 쇼켄은 어리둥절해져서 마치 꿈을 꾸고 있는 듯 했다. 하지만 늙은 고양이의 이야기에 너무나 감동한 쇼켄은 앞으로 나아가 늙은 고양이에게 경의를 표하면서 말하기를,

"저는 오랫동안 검술을 수련해 왔습니다. 하지만 아직 그 도(道)를 완전히 습득하지 못했습니다. 오늘밤 여러분 각자의 의견을 듣고 저는 제가 추구해야 할 도(道)에 대한 핵심을 이해할 수가 있었습니다. 만일 가능하시다면 한번 더 그 도(道)의 깊은 도리(道理)를 가르쳐 주십시요. "

㉮ 그러자 늙은 고양이가 말하기를 "안 됩니다. 저는 한낱 짐승에 불과 합니다. 그리고 쥐는 저의 음식일 뿐입니다. 이런 제가 어떻게 인간이 하는 일을 이해할 수가 있겠습니까?

하지만 이처럼 간곡히 부탁하시니 예전에 제가 들은 이야기를 잠시 할까 합니다.

검술이란 상대에게 이기는 것만을 목표로 해서는 안 됩니다. 검술을 할 때는 생사(生死)를 가름하는 중대한 국면에 놓였을 때처럼, 즉 삶과 죽음의 순간에 직면했을 때의 마음으로 칼을 뽑아야 합니다. 무사란 항상 이를 명심하고 이를 배워서 터득해야만 합니다. 그러므로 먼저 생과 사의 이치에 따라서 마음을 곧게 하여 흔들림 없이 자신의 길을 걸어가는 것이 중요합니다.

㉯ 이리저리 고민하고 생각하다 보면 잡념이 생겨 마음의 평정을 얻을 수가 없습니다. 그래서 평상심이 중요한데, 평상심을 간직한 자는 상대의 변화에 자유자재로 대응할 수가 있습니다. 만일 마음에 조금이라도 잡념이 생기면 그것은 형태로 드러나기 마련입니다. 형태가 있으면 그 형태로 인해 적이 생기게 되며, 자기 자신이라는 존재도 드러나게 되고 맙니다. 결국 외부의 변화에 자유자재로 대응할 수 없게 되고 서로 싸우게 되고 맙니다. 이는 결국 자신의 마음이 먼저 사지(死地)에 떨어져 힘을 잃게 되는 형상이지요.

㉰ 이런 자가 어떻게 깨끗한 승부를 할 수가 있겠습니까? 만일 이겼다고 하더라도 이는 요행으로 이긴 것에 지나지 않으며 그 승리란 검술의 본래 모습이 아닙니다. 본래의 마음에는 형태가 없어서 잡념을 모아둘 수가 없는데, 조금이라도 잡념을 모아두게 되면 기(氣)에도 잡념이 들어오게 됩니다.

기에 조금이라도 잡념이 들어오게 되면 자유자재로 움직일 수 없게 됩니다. 또한 마음에 의욕이 생기면 너무 힘이 들어가게 되고 반대로 마음에 의욕이 생기지 않으면 기아(飢餓) 상태와 같이 축 처져서 힘이 전혀 들어가지 않게 됩니다. 의욕이 지나치면 기세가 넘쳐서 멈출 수 없게 되고, 의욕이 부족하면 마치 굶주린 것처럼 힘이 들어가지 않습니다. 이로서는 변화에 대응할 수 없습니다. 그러므로 저는 이렇게 생각합니다.

'잡념이 없는 것이란 마음에 잡념을 담아두지 않고 외부의 사물에 의존하지 않으며 적도 없고 자신마저 잊어버리는 상태를 말합니다. 만일 잡념이 생기더라도 이를 거스리지 않고 대응하면 그 잡념은 더 이상 잡념이 아닌 것이 되지요.'

『역경(易經)』에 이런 말씀이 있습니다.

'생각하지 말고 행하지도 말며 그저 조용히 있으며 움직이지 마라. 그러면 언젠가 세상의 도리를 이해할 수 있을 것이다' 이러한 도리를 이해하고 검술을 배우는 자는 진정한 도에 도달할 수 있을 것입니다. "

② 늙은 고양이의 이야기를 귀 기울여 들은 쇼켄이 묻기를

"적도 없고 자기 자신도 없다는 말은 도대체 무슨 뜻입니까?"

㉮ 늙은 고양이가 대답하기를 "자기가 있기에 적 또한 있는 것이지요. 자신이 없으면 적 또한 없는 것입니다. 적이라고 하는 것은 원래 상대와 대면함으로써 생기게 되는 개념이지요. 예를 들어 음과 양, 물과 불과 같은 것이라 할 수 있습니다. 모든 형태가 있는 것은 반드시 대립되는 것이 존재하기 마련입니다. 그러므로 만일 자신의 마음에 형태가 없다고 한다면 대립되는 것도 없어지게 되는 것입니다. 대립되는 것이 없을 때는 다툴 것도 없어지게 되지요. 바로 이러한 상태를 적도 없고 자신도 없다고 말하는 것입

니다. 사물과 자신을 모두 잊어버리고 조용하고 잡념이 없을 때가 바로 사물도 자신도 없어지는 순간입니다.

㉯ 이를 사람들이 알지 못하는 것이 아니라 머리로만 생각하기 때문에 그 진리를 깨닫지 못하는 것입니다. 그러므로, 머리가 아니라 자연의 감각에 순응해서 움직여야 합니다. 이처럼 자신의 마음이 조용하고 잡념이 없을 때는 세계가 자기 자신과 일체(一體)를 이루게 됩니다. 이는 좋고 나쁨이 없어지는 경지입니다. 우리가 힘들어하거나 즐거워하거나 이득을 얻었다고 좋아하거나 손해를 보았다고 억울해 하는 것은 모두 감정의 표현으로 마음에서 나오는 것입니다. 천지(天地)가 아무리 넓다고 하더라도 그것 또한 자신의 마음에서 나오는 판단에 지나지 않습니다.

옛 선현들이 말하기를 '눈 속에 먼지가 들어가면 눈을 뜨기가 힘들고 사물을 잘 볼 수가 없으므로 눈 속에 먼지가 들어가지 않도록 조심하라. 이 먼지가 잡념이니 마음에 잡념이 들어가지 않으면 평온한 마음으로 세상을 살아갈 수가 있다'고 했습니다. 그러므로 티끌이라는 사물이 없을 때 잘 보이는 것입니다. 깨끗해야 할 곳에 사물이 들어 가기 때문에 볼 수 없게 되는 것입니다. 이는 마음도 마찬가지입니다.

또한 선현들이 말하기를 '지금 당신이 천만 명의 적들 속에 둘러싸여 자신의 모습이 마치 먼지와 같은 작은 존재라 할지라도 마음만은 당신의 것임을 명심하십시오. 어떤 강적이라도 우리의 마

음을 어떻게 할 수는 없습니다'

그리고 공자가 말하기를

'신분이 아무리 비천한 자라고 할지라도 그 자의 마음에 확고한 심지가 있다면 세상 어느 누구도 그 마음을 마음대로 움직일 수가 없다'고 했습니다. 만일 당신 안에 망설이는 마음이 있다면 그것이 결국은 적에게 도움이 되는 꼴이 되고 말지요. 제가 말할 수 있는 것은 이것뿐입니다. 그러므로 결국 스스로 반성하고 그 대답을 자기 자신 안에서 찾지 않으면 안 됩니다.

㉰ 선생이란 기술을 가르치고 그 도리(道理)를 입으로 전달 할 뿐입니다. 진리에 도달하는 것은 모두 자신에게 달린 것입니다. 옛 선현들은 이를 자득(自得), 즉 스스로 깨우친다고 표현했습니다. 이는 또한 이심전심(以心傳心)이라고도 말할 수 있습니다. 또한 교외별전(教外別傳)이란 말이 있듯이 깨달음이란 말로 전할 수 있는 것이 아니고 마음에서 마음으로 전하는 것이지요. 그러므로 가르쳐서는 안 된다는 것이 아니라, 결국 선생도 이를 가르칠 수가 없는 것입니다. 이는 오직 선종(禪宗)에서만 전해져 내려오는 가르침이 아니라, 여러 성현들의 말씀이나 예술의 궁극적인 경지에 이르기까지 자득(自得)해야 할 모든 가르침들의 핵심이라고 할 수 있습니다.

가르친다고 하는 것은 깨달아야 하는 것이 자신 안에 있지만 이를 스스로 볼 수가 없을 때 외부에서 지적해 주는 것을 말하는 것입니다. 그러므로 선생이 그 깨달음을 주는 것이 아닙니다. 선생의 가르침은 간단하며 그 내용 또한 간단한 것입니다. 자신 속에 있는 것을 제대로 찾아서 자신의 것으로 만드는 것이 어려운 일입니다.

이를 곧 견성(見性) 이라고 말합니다. 깨달음이란 망상의 꿈에서 깨어나는 것을 말하며, 눈을 뜬다고 하는 것 또한 망상에서 깨어남을 일컫는 것입니다."

교호(享保) 12년(1727) 6월 어느 화창한 날에

쇼켄의 요청에 따른 늙은 고양이의 답변은 전반적으로 이전의 이야기와 같은 맥락 속에 있지만, 단지 노장 사상 또는 『장자』의 「달생」 편에 국한되지 않고, 불교 경전이나 공자, 『주역』 등을 예로 들어 답하고 있다는 점이 다르다.

①의 ㉮㉯의 내용은 생사의 순간에 직면했을 때의 마음으로 칼을 뽑아야 한다. 잡념이 생겨 마음의 평정을 잃지 않아야 한다. 평상심을 간직해야 한다. 그렇지 않으면 마음이 먼저 죽음에 떨어지는 형국이 된다. 이러한 평상심은 정자(程子)• 의 『중용(中庸)』에 대한 주석을 떠올리게 한다. 그에 따르면 "중은 편벽되지 않고

• 정자(程子) : 송나라의 유학자 정호(程顥, 1032~1085 호 명도明道)와 정이(程頤, 1033~1107 호 이천伊川) 형제를 높여 이르는 말.

치우지지 않으며, 과와 불급이 없는 것의 이름이요. 용은 평상함이다(中者 不偏不倚無過不及之名, 庸 平常也).”

㉰ ‘마음에는 형태가 없다’라는 말은 달마(達摩)가 2조 혜가(慧可, 487~593)에게 전한 선(禪)인 능가종(愣伽宗)의 이야기를 떠올리게 한다. 혜가가 달마에게 마음이 편하지 못하니 편하게 해달라고 한다. 이에 달마는 “그 마음을 가져 오너라, 편하게 해 주리라.”고 답하자 혜가는 “마음을 찾을 수 없다.”고 답한다. 이에 달마는 “내가 이미 너의 마음을 편하게 해주었다.”고 답한다. 실제로 마음이라는 대상은 없는 것이다. 마음이라는 대상 또한 마음의 발현에 지나지 않는 것이다.

또한 여기서 인용되는 『역경』의 말은 건괘(乾掛)에 관한 내용을 나름대로 요약해 말한 것으로 추정된다. 건괘의 내용은 다음과 같다. “… 물속에 잠긴 용이니 쓰지 마라. … 나타난 용이 밭에 있다. … 군자는 종일 조심조심하여 저녁때까지 두려워한다면, 비록 위태로우나 허물이 없다. 혹 뛰어도 연못에 있으면 허물이 없다. …”(潛龍勿用…見龍在田…君子終日乾乾, 夕惕若, 厲無咎 … 或躍在淵, 無咎)

②의 ㉮㉯의 논의는 마음에 형태가 없다면, 나도 적도, 사물도 없다. 모든 인간의 가치 판단도 모두 마음에서 나온다는 것이다. 후자는 ‘호접지몽(胡蝶之夢)’으로 끝나는 『장자』의 「제물론(齊物論)」을 떠올린다. 「제물론」은 도의 입장에서 시비(是非) · 미추

(美醜)·정사(正邪)·화복(禍福)·길흉(吉凶)·각몽(覺夢)·생사(生死) 등의 상대적 가치 판단들이 얼마나 무의미한가를 밝히고 있다. 또한 '모든 것은 마음에서 나온다(一切唯心造)'는 불교 유식철학을 떠올리기도 한다. 이어지는 '눈 속에 먼지가 들어가지 않도록 조심해라 … '는 옛 선현의 말은 "마음은 밝은 거울과 같나니, 때때로 부지런히 털고 닦아서 티끌을 묻지 않게 하라 (心如明鏡臺, 時時勤拂拭, 莫使有塵埃)."는 신수(神秀, ?~706) 상좌(上佐)•의 게송(偈頌)••을 떠올리게 한다. 또한 이어지는 '천만의 적들에 둘러싸여 있다 하더라도 … '라는 옛 성현의 말은 "삼군의 장수를 빼앗을 수는 있지만, 필부라도 그 뜻을 빼앗을 수는 없다(三軍 可奪帥也, 匹夫 不可奪志也)."라는 공자의 말을 떠올린다.

'신분이 천한자라 하더라도 마음에 확고한 심지가 있으면 어느 누구도 마음대로 할 수 없다'는 공자의 말은 "참으로 회는 어질다. 밥 한 그릇과 물 한 바가지로 빈민촌에 살게 되면 보통 사람들은 그 근심을 견뎌내지 못하는데, 회는 그렇게 살면서도 그 즐거움이 변치 않으니, 참으로 회는 어질도다(賢哉 回也. 一簞食一瓢飮 在陋巷 人不堪其憂 回也不開其樂 賢哉 回也)."를 떠올린다. 곧, 회는 천하게 살아도 공부를 하겠다는 마음을 결코 바꾸지 않았다고 공자가 칭찬하고 있는 말을 연상시키고 있다.

• 상좌(上佐) : 대를 이을 여러 제자 가운데 가장 높은 사람 상족(上足).
•• 게송(偈頌) : 외우기 쉽게 게구(偈句)로 지어 부처의 공덕을 찬미하는 노래.

②의 ㉣는 최종 결론으로 진리는 자신이 스스로 터득하는 것, 곧 자득하는 것임을 강조하고 있다. 견성(見性)을 자득하는 것은 선불교의 기본 명제로서 『육조단경(六祖壇經)』의 기조를 이루고 있다. 혜능(慧能, 638~713)은 "깨치지 못하면, 부처가 곧 중생이요, 한 생각에 깨치면 중생이 곧 부처임을 알라. 그러므로 모든 만법이 오로지 자신 가운데 있음을 알라. 어찌 자신의 마음에 따라 진여(眞如)• 본성을 단박에 드러내지 못하는가(故知不悟 卽佛是衆生. 一念若悟 卽衆生是佛. 故知一切萬法 盡在自身心中 何不從於自心 頓見眞如本性)" 큰 선지식을 찾아 지도를 받아 스스로 견성하라는 것이 혜능의 기본적 논의이다. 만약 "스스로 깨친 사람이라면 바깥에 있는 선지식을 의지하지 않는다. … 자기 마음 안에 있는 선지식을 알면 곧 해탈을 얻느니라(若自悟者 不假外善知識. 識自心內善知識 卽得解脫)."라는 말을 떠올리게 한다.

또한 이심전심, 교외별전, 불립문자 등은 선불교의 기본 명제이다. 선은 한 송이 꽃과 한번의 미소 사이에서 비롯되었다. "이때 여래가 앉은 자리로부터 (대범천왕으로부터) 연꽃을 받으시고, 아무 말씀도 없이 단지 연꽃을 들었다. … 모두가 침묵을 지켰다. 이때 장로 마하가섭이 부처님이 연꽃을 들어 대중들에게 불사를 보이시는 것을 보고, … 파안대소했다. 부처님이 이를 보고 이렇

• 진여(眞如):사물의 있는 그대로의 모습이라는 뜻으로, 우주 만유의 본체인 평등하고 차별이 없는 절대 진리를 이르는 말

게 말씀하셨다. 나에게는 깨달음의 눈과 열반의 미묘한 마음과 모습 없는 참모습인 묘한 진리가 있다. 이것은 문자로 드러낼 수 없는 것으로 가르침 밖에 별도로 전한 것이니, 이를 모조리 다 받아 지니면 범부도 성불할 것이다. … 이제 마하가섭에게 이를 부촉(付囑)한다(전한다)고 말씀하시고, 입을 다무셨다 (爾時如來. 坐此寶座. 受此蓮華. 無說無言. 但拈蓮華. … 皆止默然. 於時長老摩訶迦葉. 見佛拈華示衆佛事. 破顔微笑. 佛即告言是也. 我有正法眼藏涅槃妙心. 實相無相微妙法門. 不立文字. 教外別傳. 總持任持. 凡夫成佛. 今方付屬摩訶迦葉. 言已默然) .”

이 구절이 바로 조사선(祖師禪)•의 근거가 된다. 조사선의 주장에 따르면 부처가 49년 설법을 다 마친 뒤, 그보다 더 뛰어난 조사선의 근거를 마련했다는 것이다. 이리하여 마하가섭(摩訶迦葉)은 조사선의 시조가 된다. 마지막 구절인 ‘깨달음이란 망상의 꿈에서 깨어나는 것을 말하며 … ’는 선불교의 소의경전(所衣經典)••인 『금강경』의 마지막 사구게(四句偈)를 떠올린다. “일체유위법은 꿈과 같고 환영과 같고 물거품과 같고 그림자와 같으며, 이슬과 같고, 또한 번개와 같으니, 마땅히 이와 같이 보아야 할 것이다(一切有爲法 如夢幻泡影 如露亦如電 應作如是觀).”

• 조사선(祖師禪) : 조사들이 이룩한 선사상. 글자의 뜻풀이에 얽매이지 않고 이심전심으로 전하는 선법(禪法)을 말한다.
•• 소의경전(所衣經典) : 각 종파에서 근본으로 삼는 경전.

맺음말

기술을 수련하는 단계 – 검은 고양이의 수련

기세를 단련하는 단계 – 호랑의 무늬 고양이의 수련

마음을 다스리는 단계 – 회색털 고양이의 수련

자연과 융합된 단계 – 아무것도 하지 않는 고양이

검술가인 잇사이 쵸잔시(佚齋樗山子, 1659~1732)는 『장자』 「달생(達生)」 편 의 싸움닭에서 힌트를 얻어 『고양이 대학교』를 저술했다. 늙은 고양이와 고양이들과의 전반부 대화는 주로 『장자』 「달생」 편을 떠올리게 하는 반면, 결론에 해당되는 후반부의 쇼켄의 요청에 대한 늙은 고양이의 답변은 주로 노장철학에 바탕을 둔 일본 선불교의 가르침을 연상시킨다.

이 작품은 겉으로 드러나는 기술 수련과 묘술 및 정도를 반대개념으로 설정하고, 후자를 강조하고 있다. 이로 미루어 볼 때, 잇사이 쵸잔시는 당시 기술수련에만 치우쳐 있던 검술계의 현실을 비판하고, 검도가 묘술(妙術)과 정도(正道)의 경지에서 행해져야 함을 강조하고 가르치고자 했다고 볼 수 있다. 이는 검도의 목적이 '인격형성의 길'에 있음을 밝히고 있는 것이다.

전반부에 등장하는 세 마리의 고양이는 검도 수련자의 수련을 세 가지 유형으로 나누고 있음을 뜻한다.

기술을 수련하는 단계 - 검은 고양이의 수련

우타가와 쿠니요시(歌川国芳)의 우키요에(浮世絵)
「게이코를 하는 고양이들(猫のけいこ)」

첫째 유형에 대해서는 인위적인 지식에 바탕을 둔 검도 기술 수련의 한계에 대해 지적하고 있다. 검은 고양이는 새끼고양이 때부터 기술단련에 전념에 왔지만 예상외의 쥐를 만나서 그가 가진 기술로는 적절하게 대응할 수 없었다.

이 검은 고양이에 대해 늙은 고양이는 기술에만 치중해온 수행을 지적하고 있다. 원래 기술 수련이란 기술의 원리나 원칙을 체득하는 것이 목적이었지만 결국 '기술제일주의'로 떨어지고 말았다. 이는 당시의 검술 풍조를 비판하고 있는 것이다. 기술에는 한계가 있게 마련이고 기술은 나이가 들고 신체가 약해지면 그 진보도 멈춰버리기 쉽다. 또한 기교에 빠져 손끝의 기술에만 의지하면 기술의 표면만 보고 그 내면을 보지 못하게 된다.

기세를 단련하는 단계 - 호랑이 무늬 고양이의 수련

둘째 유형에 대해서는 겉으로 드러나는 기세와 기력의 한계와 이와 전혀 다른 주객 합일의 경지에 대해 지적하고 있다.

호랑이 무늬 고양이는 기세를 수련하는데 전념해왔다. 그리고 지금의 자신의 기세는 충만하고 무적의 상태라고 생각해 왔는데 검술가 쇼켄의 집에 나타난 쥐를 만나 자신의 기세가 전혀 통하지 않음을 경험하게 된다.

이에 대해 늙은 고양이는 호랑이 무늬 고양이가 수련해 온 기세를 교만한 기세라고 지적하고 있다. 상대를 외형적인 기세만으로 제압하고자 하면 상대 또한 지지 않으려 반격하는 것이 당연한 이치이다. 그리고 호랑이 무늬 고양이가 생각하는 천지에 가득찬 듯이 생각하는 기세란 단지 외형만의 딱딱한 기세로 유연한 기세가 아니다.

'쥐도 궁지에 몰리면 고양이를 문다'는 속담이 있듯이 아무리 약한 상대라도 생사를 잊고 승부에 연연하지 않고서 죽을 각오로 달려오면 단순히 강한 기세만으로는 이길 수 없다. 『고양이 대학교』에서는 기세가 강하다고 자랑하는 자들을 꾸짖는 동시에 기세의 유연성의 중요성을 설파하면서 심법(心法)의 중요성을 제시하고 있다.

마음을 다스리는 단계 – 회색털 고양이의 수련

또한 기세에 중점을 두지 않고 마음 수련을 통해 화이부동(和而不同)을 익혔다고 말하는 셋째 유형에 대해서도 의식적인 부드러움에 사로 잡혀 있음을 지적하고, 마음을 무(無)로 하여 자연에 순응하라고 말하고 있다.

회색털 고양이는 호랑이 무늬 고양이가 수행해 온 기세 수련의 반성에서 시작해 마음 수양의 중요성을 주장하고 있다. 회색털 고양이는 교만한 기세에서 한 발 나아가 사물과 다투지 않고 상대와 화합하는 마음의 중요성을 자각하고 큰 유막 즉 부드러운 천으로 돌을 감싸안듯이 상대를 대처해 왔다. 하지만 검술가 쇼켄의 집에서 만난 쥐는 이쪽의 움직임에 전혀 대응하지 않는 빼어난 쥐였다.

늙은 고양이는 회색털 고양이의 기술을 일부러 그렇게 하고자 하는 작위(作爲)라고 지적하고 있다. 상대방에게 들키지 않으려는 작위의 마음이 있으면 이는 상대방에게 부자연스러운 것으로 비쳐지게 되고 이쪽의 마음이 들켜버리고 만다. 즉 작위적으로 일부러 어떤 기술을 부리고자 할 것이 아니라 자연적인 감수성에 모든것을 맡기고 무의식속에서 자연스럽게 움직일 때 자신이 없어지게 되며 완전한 동작이 나오는 것이다. 자기가 무(無)로 변하기 때문에 상대는 적대감을 가지지 않게 되는 것이다. 이를 무적(無

敵) 즉 적이 없는 상태라고 부른다.

이처럼 늙은 고양이는 마음 수양을 하고 있는 회색털 고양이에게 작위를 버리고 무심(無心)에 도달할 것을 설파하고 있다. 기술에 의존한 검은 고양이, 기세에 의존한 호랑이 무늬 고양이, 마음을 수양한 회색털 고양이는 쥐를 잡지 못하고 굴복하고 말았다. 하지만 늙은 고양이는 그들 각자의 수행이 쓸모없는 것이라고 말하지 않는다. 이는 수행과정에서 필요한 것이다. 늙은 고양이는 도(道)는 끝이 없으니 끊임없이 윗 단계를 지향하라고 충고하고 있다. 그리고 다른 고양이들로부터 명인으로 불리는 늙은 고양이조차도 도달할 수 없는 카리스마를 가진 고양이 이야기로 마지막을 장식하고 있다.

자연과 융합된 단계 – 아무것도 하지 않는 고양이

늙은 고양이는 검도의 길(道)을 기술, 기세, 마음수련, 무심의 과정이라고 설파하면서 마지막 단계인 무심(無心)에 도달하기 위해서는 작위(作爲)를 버리고 자연으로 돌아갈 것을 지적했다. 이어서 늙은 고양이는 도(道)의 단계를 다음과 같은 이야기로 마감하고 있다.

옛날 옆동네에 고양이 한마리가 살았는데 그 고양이는 하루종일 잠만 자고 그 기민함을 전혀 감지할 수 없는 마치 나무로 깎아 놓은 듯한 고양이(木猫)였다. 아무도 그 고양이가 쥐를 잡는 것을 본 적이 없지만 이상하게도 그 고양이가 있는 곳에는 쥐가 얼씬도 하지 않았다. 그 고양이가 이사를 갔을 때도 마찬가지였다. 그 이유를 여러번 물었지만 그 고양이는 이야기 해주지 않았다. 아니 그 고양이는 대답하지 않는 것이 아니라 대답할 수 없었다. 그 고양이는 자신마저 잊어버리고 있었던 것이다. 자연체의 단계에 도달한 고양이는 자기자신 조차도 인식의 대상으로 삼지 않았다. 그래서 대답할 수 없었던 것이다.

또한 '아는 자는 말하지 않고 말하는 자는 모른다'는 속담으로 도(道)의 깊이를 설파하고 있다. 여기에서 우리는 주인공 고양이의 이름에 주목해 볼 필요가 있다. 다른 고양이들에게는 화려한 수식어가 붙어 있다. 날쌘 검은 고양이라든지 호랑이 무늬의 기세가 강한 고양이라든지 회색털의 연륜이 많아 보이는 고양이 등은 수식하는 말이 붙어 있다. 하지만 주인공 고양이는 화려한 수식어가 없는 단순히 늙은 고양이이다. 이는 무명(無名)을 의미하는 것이다. 이름이란 어떤 것과 다른 것을 구별하기 위해 붙이는 것이다. 그러므로 이름이 없다는 것은 자기와 타인 그리고 주체와 객체라는 구별이 생기는 이전의 존재를 의미하는 것이다. 또한 무명이란 그곳에서 모든 것이 생길 수 있는 절대적 자유의 가능성으로서의 무(無)이기도 하다.

초목은 스스로 움직이지 않고 오직 자연의 은혜를 받고 성장한다. 새들도 짐승들도 배가 고프면 먹고 잠이 오면 자고 즉 자기가 느끼는 대로 움직이고 있다. 이처럼 자연계에 서식하는 생물은 대자연의 일부로서 살아가고 있다. 우리들 인간만이 이 자연계에 몸을 맡기는 것을 거부하고 자연을 조작하고 스스로를 작위하여 자연의 질서를 바꾸고자 한다. 말하자면 인간은 부자연적인 존재이다.

『고양이 대학교』에서 말하는 진정한 달인(達人)이란 무의식 속에서 그때 그때의 상황에 따라서 적절하게 움직이는 사람이다. 또한 『고양이 대학교』에서 말하는 진정한 자유란 사려분별하여 무의식적으로 움직이는 것이 아니라 자기와 상대가 엮어지는 관계 속에 자연스럽게 몸을 내맡기는 것이다.

검도에 비유해서 말하자면 진정한 기술과 올바른 격자(擊刺, 치거나 찌름)란 단지 대상인 상대방과의 관계에만 몰두해 인위적으로 의식하지 않고 저절로 우러나오는 것이다. 여기서 의식하지 않는다는 것은 자신의 기술 혹은 연기(演技)가 자기에게 있어 대상이 아니라 그 자신이 되는 것을 의미하는 것이다. 그러므로 진정으로 깨달은 검술가는 자기의 특기 기술을 설명할 수 없다고 한 것이다. 왜냐하면 자기자신의 신체의 움직임이나 표현을 객관적으로 파악할 수 없기 때문이다.

옛부터 검술가들은 공부의 중요성을 강조하고 있는데 이는 신체적인 동작을 객관적으로 파악하고 이를 수정해 가는 작업을 숙련하는 것을 의미한다. 그러므로 기술을 객관적인 대상으로만 간주하면 자기의 마음과 신체사이에 미묘한 어긋남이 생겨 부자연체가 되고 마는 것이다. 이를 검도의 사계(四戒) 즉 경·구·의·혹(驚·懼·疑·惑)에 떨어졌다고 말하는 것이다.

검도 기술을 숙련하는 최종단계에 있어서 신체적인 동작을 객관적 혹은 대상적으로 인식하는 그 자체를 잊어버려야 한다고 말하는 것은 바로 상술한 이유때문이다.

예로부터 검도 수련단계에서 최고의 경지를 무심(無心), 자연체(自然體), 자유(自由) 등으로 표현하고 있다. 하지만 검도 수련에 있어서 우리가 가장 경계해야 할 것은 처음부터 최고의 경지를 흉내내거나 말로만 떠벌리는 것이다. 그러므로 말로만 할 것이 아니라 먼저 몸으로 체득하기 시작하는 것이 중요하다. 이처럼 형을 반복함으로써 체득해 가는 과정을 전통적으로 수(守)의 단계라 부른다. 이 단계를 거쳐 그 형을 벗어나 자기만의 기술을 창조하게 되는데 이를 파(破)의 단계라 부른다. 나아가 수련한 기술이 의식적이 아니라 자연스럽게 솟아 나와 무위(無爲) 혹은 자연체에 도달하게 되는데 이를 리(理)의 단계라 부른다. 이에 도달한 자는 겸손하고 자상하며 그 주위에 적이 없으며 모두와 화합할 수 있는 사람이 된다. 이는 『금강경』에서 말하는 무쟁(無諍)의 경지에 도달한 자이다.

이는 아무도 그 고양이가 쥐를 잡는 것을 본 적이 없었지만 이상하게도 그 고양이 근처에는 쥐가 한 마리도 얼씬거리지 않았다는 목석과 같은 고양이가 도달한 경지이기도 하다.

깨달음이란?

깨달음은 스스로 얻는 것이다.
스승은 길을 걷는데 있어서 길 안내자이며
그 길을 수행하는 수행자는 자기자신이다.

『고양이 대학교』 중에서

검도수련의 단계

이는 도가사상(道家思想)이 가지고 있는 기술철학 즉 기술을 수련하여 도에 도달한다는 사상을 반영하고 있는 것이며 역사적 흐름속에서 무술이 점차 자기교육적인 수양으로 자리잡게 되었음을 시사하는 것이다. 또한 이는 당대에 유교의 '이기심성론(理氣心性論)'이 널리 보급되어 있었음을 시사한다. 저자인 잇사이 쵸잔시가 살았던 쿄호(享保)시대는 도쿠가와 요시무네(徳川吉宗, 재직 1716~1745)의 재직시기로 요시무네가 쿄호의 개혁을 통해 당시 추락했던 무사정신의 고취를 위해 무예를 장려했던 당시대의 시대적 요인이 작품에 반영되어 있다. 즉 『고양이 대학교』는 무술 전문가들의 기술 및 자질 향상만을 목적으로 하는 것이 아니라 일반인들의 교양 및 인격 성장을 의도하여 집필한 것이다.

그러므로 모쪼록 대한민국의 많은 무도지도자들과 체육지도자들, 또한 학부모들이 이 책을 읽어 학생과 자녀들을 훌륭하게 교육할 수 있기를 바란다.

1. 선사상과 일본검도

선종(禪宗)은 6세기경 달마 선사가 인도에서 중국으로 건너가 전한 것으로 8세기에 중국에서 발달한 불교의 한 맥이다. 일본의 선불교는 12세기에 송나라에 간 에이사이(栄西, 1141~1215)가 전한 것으로 선불교는 가마쿠라시대의 무사계급과 결합되면서 발전하기 시작했다. 선수행이 직재(直裁), 자부(自負) 및 극기(克己)라는 점에서 무사의 전투정신을 지탱하는 힘과 결합되었다. 훌륭한 무사가 일반적으로 금욕적이고 극기심이 강하다는 것은 선불교의 영향이다. 선(禪)은 궁극적인 신앙의 경지에 도달하기 위해 강한 의지력과 각성을 요구한다. 바로 그 의지력을 필요로

한 것이 무사집단이었다.

가. 검도 용어의 형성

일본에서 검도는 처음에는 다치우치(太刀打ち)라 불렸고 전국시대부터 도쿠가와(徳川) 초기까지는 병법(兵法)으로 불렸다. 도쿠가와(徳川) 중기에 들어서면서 검술이라는 용어로 바뀌었으며 현대에 들어서 검도라 불리게 되었다. 검도는 본래 무사와 무사와의 싸움 혹은 투쟁을 통해 발전해 온 것으로 먼저 벨 것인지 아니면 상대에게 베일 것인지의 생사를 건 승부속에서 자신를 지키고 상대를 쓰러트리는 기술을 배우는 것이었다. 무사는 자신의 안전을 지킨다는 뜻에서 덤벼드는 적을 베고 갑자기 적의 습격을 받아도 놀라지 않고 침착하게 그 시기와 장소에 따라서 적절한 방법으로 상대를 쓰러트려야 했다. 바로 여기에서 기술의 필요성이 생겨났으며 이와 병행하여 정신 단련이 중요시되었다.

나. 검도장의 유래

도장이란 본래 종교적 연습을 하는 곳으로 깨달음의 장소라는 산스크리트어에서 유래한 것이다. 그러므로 원래 검도 도장은 정신을 훈련하는 곳으로 신성한 장소로 인식되었다. 이리하여 자연스럽게 검도 도장을 출입할 때는 신전을 향해 절을 하는 습관이 생기게 되었고 검도는 사람을 베는 기술을 수련하는 것이지만 예의를 중요시하게 되었다. 예의 속에 포함된 겸양의 마음은 검도기술을 향상시키고 정신을 닦는데 필수불가결한 것이었다.

이리하여 투쟁 속에서도 적을 사랑하는 마음이 생기게 되었다. 투쟁의 기술과 정신이 발전되어 수치심이 생기고 이것이 경의를 표하는 행동규범으로 발전되어 갔다. 즉 검도의 기술 수련과 정신 단련은 불가분의 관계에 있음을 의미하는데 아무리 기술이 뛰어나다 하더라도 그 기술을 쓸 곳이 없다면 무용지물이다. 그러므로 그 기술을 살릴 수 있는 길이 바로 그 사람의 마음자세이며 정신적인 요소였다. 이를 수련하는 장소가 도장이다.

다. 게이코(稽古)와 검도

기술을 자유자재로 구사하기 위해 그 사람의 정신상태와 마음수련이 중요한 요소로 인식되었다. 그리고 게이코(稽古－예능, 무예, 기술 등을 연습하는 것)가 검도발전의 최대의 요건으로 인식되었으며, 신심의 단련 또한 게이코와 연결지어 생각하게 되었다. 이 게이코를 통해 기술의 정확성이 높아져 가고 동작이 민첩해지며 기술을 자유자재로 구사할 수 있게 된다고 생각했다. 또한 게이코를 통해 체력이 왕성해지고 담력이 길러지며 용맹과감한 정신이 양성된다고 생각하게 되었다.

라. 검선일치(劍禪一致)

검술가들은 검도의 발전 비결이 게으름을 다스리고 연습을 계속하는 것이라는 결론에 도달하게 되었다. 검도의 기술적인 향상과 더불어 무념무상(無念無想), 무아(無我)의 경지라는 마음상태도 중시되었다. 상대와 대립했을 때 자신의 모든 감정을 버리고 아무것도 고려하지 않는 무념무상의 경지에서 자연스럽게 나오는 기술이 진정한 기술이자 존경받는 기술로 인식되었다. 그러므로 자기를 의식하거나 자기에게 얽매이지 않도록 무아의 경지가 강조되게 되었다. 우리가 오늘날 자주 보고 듣게 되는 검선일치(劍禪一致)라는 말에서도 선종(禪宗)의 경지와 검도의 경지가 다르지 않음을 지적하고 있다.

검도의 달인으로 불리는 야규 다지마노카미(柳生但馬守)[1] 혹은 야규 무네노리(宗矩)는 타쿠앙 소우호(沢庵 宗彭, 임제종의 명승) 선사[2]에게 선(禪)을 배웠으며 미야모토 무사시(宮本武蔵)는 하루야마(春山)선사를 통해 선을 접하게 되었다. 근세에도 야마오카 텟슈를 비롯한 검의 달인들이 검도와 병행하여 선 수행의 필요성을 강조하고 있다.

2. 부동지신묘록(不動智神妙録)

부동지신묘록(不動智神妙録)은 선(禪)과 검도의 엄밀한 관계를 제시하는 것으로 타쿠앙(沢庵 宗彭, 1573~1646) 선사가 야규 무네노리(宗矩)에게 적어 보냈다고 알려져 있다.

타쿠앙 선사는 부동지(不動智)를 사방팔방으로 움직이며 전혀 멈추지 않는 마음이라고 설명하면서 멈추는 마음을 미혹(迷惑)으로 간주한다. 사물을 한번 보고 마음을 멈추지 않는 것이 부동(不動)인데 마음이 사물에 멈추게 되면 분별이 생겨 움직이고자 하지만 움직일 수 없게 된다고 설명한다.

상대가 베어오는 칼을 보고 거기에 응하고자 하면 상대방의 칼에 마음이 뺏겨 자신의 움직임이 사라져 버리고 결국 상대에게 베이고 만다. 여기에서 마음을 어디에 둘 것인가가 하는 것이 문제가 되는데, 적의 칼에 마음을 두면 적의 칼에 마음을 뺏기는 것이 되고 적을 베려는 것에 마음을 두면 적을 베려고 하는 것에 마음을 뺏기고 만다.

만일 마음을 신체의 한 곳에 두지 않고 마음을 신체 어디에도 두지 않는다면 마음은 신체의 여러부분으로 골고루 퍼져 그 힘을 활용할 수 있게 된다. 그러므로 부동지신묘록(不動智神妙錄)에 의하면 검도는 기술뿐만 아니라 이러한 정신력의 수행도 뒷받침 되어야 한다.

3. 유도의 창시자 가노지고로(嘉納治五郎)와 검도

가노 지고로(嘉納治五郎, 1860~1938)의 '심기력일치(心氣力一致)'라는 말은 유도뿐만아니라 검도에서도 강조되고 있는데 여기서 마음이란 정신적인 활동을 정적인 것으로 지각하고 판단하며 사려분별을 하는 활동을 의미한다. 기력이란 동적인 것으로 마음의 판단에 따른 의지의 활동이자 동작이다. 또한 힘은 정신이 집중되어 드러나는 신체적인 힘으로 이것이 바로 기술이 된다.

이 세 가지가 일치할 때 완전한 동작이 가능하다. 고우도칸(講道館) 유도의 창시자 가노 지고로(嘉納治五郎, 1860~1938)는 유도를 심신의 힘을 최대한 유효하게 사용하는 도(道)로서 정의하고 있다. 더우기 무술에 있어서 기술을 발휘하고자 하는 자는 그 목적에 가장 적합하도록 자신의 정신과 신체의 힘을 사용하라고 권장한다.

가노(嘉納)는 이 원리를 무술에만 국한시키지 않고 사회생활에도 적용시키고 있다. 그에 의하며 심신을 하나로 하여 모든 일에 임하는 것은 모든 목적을 이루기 위한 일관적인 원리이자 도이다. 그는 처음에 이 원리를 '심신최유효용도(心身最有効用道)'라고 불렀으나 그 명칭이 너무 길어 후에 '유도(柔道)'로 명명하게 되었다.

그는 이러한 심신의 힘 즉 정력을 최대한 유효하게 활용하여 나아가 사회생활에서도 이를 활용하고 서로 돕는 자타공영(自他共榮)의 필요성을 제시했다. 가노(嘉納)의 사상은 검도계에도 큰 영향을 주어 1975년 전일본검도연맹이 검도의 이념을 제정할 당시 이를 참고 했다.

4. 사제관계(師弟關係)와 게이코(稽古)

미야모토 무사시(宮本武関)[3]는 그의 저서 『오륜서(五輪書)』[4]에서 스승을 바늘에, 제자를 실로 정의하고 제자는 스승의 가르침을 따르고 꾸준히 연습할 것을 권장하고 있다. 이는 검도의 도를 완성해 가는데 있어서 모방의 중요성을 지적한 것으로 해석된다.

종교적 수행과 병행하여 무도(武道)나 에도(芸道)에도 게이코(稽古)나 훈련에 의한 수행적 요소가 존재한다. 무도나 에도의 명인이 훌륭한 마음을 가지게 되는 것은 단련을 통한 수행적 효과로 볼 수 있다.

수행 방법의 핵심은 단순한 형(形)을 진정으로 마음을 담아 반복해서 수련하는 것이다. 이러한 마음으로 수련하는 검도 속에서 현대적 수행 요소를 엿볼 수 있다. 수행에는 스승이라는 지도자도 중요한 의미를 가진다. 하지만 어디까지 스승의 지도를 따를 것인지는 제자에게 달린 것이다. 무도계에 있어서 이상적인 스승과 제자의 관계는 너무 가까이 다가가지 않고 너무 멀리 떨어지지도 않으면서 일치하는 것이다. 이러한 관계가 형성될 때 최대의 수행효과가 나타나는 것이다.

스승은 게이코를 통해 스스로 배우고 만들어 낸 마음의 내면적 작품을 제자에게 보여 이를 제자가 모방하고 배움으로서 제자가 스승의 뛰어난 경지에 도달하게 되고 스승과 제자가 바늘과 실의 관계에 있듯이 스승이 걸어가신 길을 조금도 틀림없이 걸음으로서 스승의 도달점에 이르게 된다. 이것이 스승이 배운 형(形)을 제자도 배우고 익히는 것을 의미하는 것이며 그 형의 모방은 단순한 모방에 그치는 것이 아니라 모방을 통한 독창성이 나타나 새로운 형을 창출해 나가게 된다.

일반적으로 게이코(稽古)라는 말은 무도연습 뿐만아니라 일본의 노(能)나 꽃꽂이(生け花), 다도(茶道) 등 일본의 전통문화에 있어 그것을 습득하기 위한 행위를 말로 표현한 것이다. 게이코(稽古)란 본래 '옛것을 생각하는 것'으로 이는 학문을 가르키는 말이 되었고 이것이 중세로 들어와 기예(技藝)의 수련이라는 의미로 사용되게 되었다. 무도에서는 형(形)을 배우게 되는데 이는 각 유파의 선현들이 궁리하고 고안한 방법이자 양식이며 그 유파의 특징을 나타내는 것이다. 게이코(稽古)란 자기의 신체를 형(形)에 맞추어 가는 수련이며 이를 반복함으로서 신체가 이를 외우게 되는 것이다. 그러므로 게이코는 마음과 신체의 움직임을 일치시켜 가는 과정이다. 이처럼 형을 반복함으로서 이를 체득하고 나아가 그 형을 벗어나 자기만의 기술을 창조 할 수 있는 것이다. 이를 수(守)・파(破)・리(理)라고 부른다.

5. 일본문화와 고양이

오늘날 일본문화 속에 고양이는 실로 다양한 모습으로 자리잡고 있다. 2010년 일본애완동물협회의 조사에 따르면 고양이는 에도시대 이후 일본인이 가장 많이 기르는 애완동물이며 가게 입구에서 손님을 부르는 인형(마네키네코)이고 신사의 신(神)이며 우키요에(浮世絵), 만화, 문학에 자주 등장하는 주제이기도 하다.

에도시대에 형성된 시풍 중 하나인 하이쿠(俳句)에 가장 자주 등장하는 동물은 고양이이다. 하이쿠의 명인 마츠오 바쇼(松尾芭蕉, 1644~1694)는 「계절(季節, 春)」 편 '고양이의 사랑(猫の愛)'이라는 주제로 다음과 같은 하이쿠를 남겼다.

'보리밥에 야위었나 사랑에 야위었나 고양이의 보리'
(麦飯にやつるる恋か猫の麦)

또한 근대일본을 대표하는 소설가 나츠메 소우세키(夏目漱石,

1867~1916)의 처녀작 「와가하이와 네코데아루(我輩は猫である)」은 고양이를 주인공으로 하는 소설이었다. 그는 애완 고양이를 애지중지했으며 그의 고양이를 위한 하이쿠를 남겼다.

'아지랑이 아른거리지 않는 고양이 무덤'

(ちらちらと陽炎たちぬ猫の塚)

모모타로와 동행 동물들
일본도를 차고 있는 새와 동물들이 인상적이다.

그럼 일본문학 속에 개는 등장하지 않는가? 물론 아니다. 일본 주쿄쿠지역 오카야마의 구비문학인 모모타로상(桃太郎さん)에는 개, 원숭이, 꿩 등의 새와 동물이 등장해 모모타로와 함께 도깨비를 퇴치한다. 이들 중 가장 먼저 모모타로의 동행자가 되는 동물이 개이다. 하지만 모모타로상에 등장하는 개는 모모타로와 함께 도깨비를 퇴치하는 사냥개(獵犬)이지 애완동물은 아니다.

또한 오늘날 일본 만화 캐릭터 속에 가장 자주 등장하는 동물도 고양이이다.

2002년 모리타 히로유키(森田宏幸) 감독의 〈고양이의 보은〉은 고양이를 주인공으로 등장시켜 대 히트를 친 지브리 스튜디오의 작품 중 하나이다.

에도시대에 성립된 그림 장르 중 하나인 우키요에(浮世絵)는 연극, 고전문학, 와카(和歌), 지역의 전통과 기담, 초상, 정물, 풍경, 황실, 종교에 이르기 까지 실로 다양한 분야를 그 대상으로 다루고 있지만 우키요에(浮世絵) 속에 등장하는 동물은 한정되어 있으며 그 중 고양이가 가장 자주 등장한다. 이는 고양이가 에도시대 초기부터 애완동물로서 인식되어 왔음을 시사하는 것이다.

에도시대 초기에는 상업이 활성화 되면서 일본의 가게 입구에 마네키네코(손님을 부르는 고양이)라는 인형을 놓는 풍습이 등장하게 되었다. 그런데 왜 다른 동물이 아닌 고양이일까? 여기에는 이유가 있다. 일본어 사전에서 둔갑하다(化ける)라는 동사와 함께 쓰여지는 동물은 너구리(狸), 여우(狐), 고양이(猫)인데 특히 둔갑한 고양이(化けた猫)는 가장 무서운 존재로 알려져 있다. 이러한 일본의 문화적 심성 속에서 고양이는 자연스럽게 신성한 존재로 자리매김하게 되었고 신사(神社)의 카미(神)로 모셔지거나 점쟁이들이 점을 칠때 중재자로 쓰여지기도 했다.

우리나라에서는 개가 친숙한 동물이라면 일본에서는 고양이가 친숙한 동물이다. 그래서인지 7~8월 우리의 들, 밭, 길가에서 흔히 볼 수 있는 벼과의 1년생 풀인 '강아지풀(개꼬리풀)'을 일본어

한국은 강아지풀 일본은 고양이풀

에서는 '고양이꼬리풀(猫じゃらし)'이라고 부른다. 이처럼 고양이는 일본문화속에서 친밀성, 신성성, 초월성을 가진 존재로 인식되어 왔다.

후주

머리말

[1] 야마오카 텟슈(山岡鉄舟, 1836~1888)

에도시대 말기의 무사, 정치가, 사상가로 검술, 선사상, 문장의 달인이었다. 무사 집안에서 태어난 텟슈는 어릴때부터 검술에 탁월한 재능을 보여 19세에 에도막부가 설치한 무예 훈련 기관인 강무소에서 검술을 배웠다. 이때 치바 도장을 세운 것으로 유명한 치바슈카쿠를 지도 사범으로 만났으며 당대 검술의 대가들과 교류하였다. 후에 나가니시파 일도류와 오노파 일도류를 섭렵했으나 오노파 일도류에 귀의하여 오노파 일도류의 9대조로부터 비전서를 물려 받았다. 오노파 일도류는 일도류를 창시한 이토잇토사이의 정통성을 이어받은 유파이므로, 그는 비전서를 물려받은 후에도 선조인 이토잇토사이의 가르침을 한 자도 바꾸지 않는다는 뜻에서 그가 물려받은 일도류를 일도정전무도류라 칭했다. 일본인으로서는 드물게 신장 188센티, 체중 105킬로그램의 거구였다고 전해진다. 야마오카 텟슈가 15세에 자기 수양을 위해 만든 '수신 20법칙'이 검도계 뿐만 아니라 일본무도계에 영향을 주었다.

[2] 니토베이나조(新渡戸稲造, 1862~1933)

일본의 농학자, 교육자, 그리스도교 윤리철학자로 1862년 이와테현 모리오카시에서 태어났다. 동경대학을 거쳐 미국 존스 홉킨스대학에서 명예박사학위을 받았다. 존스 홉킨스대학에서 『일미통교사(日米通交史)』를 발간하면서 주목을 받기 시작해 학자의 길을 걷게 되었다. 그가 켈리포니아에 거주하고 있을 때 사무라이의 관점에서 일본인들의 정신을 저술한 『무사도』(1900)를 출판했는데 이 시기는 청일전쟁의 승리로 서양에서 일본과 일본인에 대한 관심이 증가하여 『무사도』가 서양에서 주목을 받게 되었다.

저서 『무사도』로 서양에 널리 알려지게 된 니토베 이나조는 1920년 국제연맹의 설립과 더불어 국제연맹의 차장으로 임명되었다. 만년에는 대학교수로서 후진양성에 힘썼으며 1933년 캐나다 밴쿠버에서 열린 태평양조사회의에 일본 대표로 참석했다가 숨을 거두었다.

[3] 무사도(武士道)

니토베 아나조에 의해 1899년 발표되었다. 무사도는 충, 의, 용, 인, 예, 성을 근간으로 하며 할복 의식을 전례로 야마토 다마시(大和魂)가 바로 일본 민족의 '아름다운 이상' 임을 강조, 일본의 추진력은 무사도이며 그것은 명예와 용기, 소중한 무덕의 유산이므로 불멸의 교훈을 삼아야 함을 강조하여, 유교적 무사로서 메이지 시대와 일본제국주의에 큰 영향을 주었다(위키백과 참조).

[4] 치바 슈사쿠(千葉周作, 1793~1856)

일본 에도말기의 무사로 북진일도류를 창시했으며 오늘날의 동경 니혼바시에 현무관을 열었다. 현무관은 에도말기의 3대 도장 중 하나로 현무관에서는 수많은 인재를 배출했다. 그 중에서 메이지유신의 주인공 중 한 명인 사카모토 료마가 유명하다. 현무관의 인기로 1935년 도쿠가와 나리아키의 초청을 받아 무예 훈련기관인 강무소의 사범이 되었다.

[5] 쿠사마 마스라오(草間益良夫)

국립히로시마대학 건강스포츠학과의 교수이다. 검도 8단으로 대학에서 검도를 강의하고 있다

제1장

[1] 기성자(紀渻子)가 왕을 위해 싸움닭을 키웠다. 열흘이 되어 왕이 물었다. "닭

은 이제 싸울 수 있겠는가?" "아직 안 됩니다. 지금은 공연히 허세를 부리며 제 기운만 믿고 있습니다." 기성자가 대답했다. 열흘이 지나 또 왕이 물었다. "아직 안 됩니다. 다른 닭의 울음소리나 모습을 보면 당장 덤벼들려고 합니다."고 대답했다. 열흘이 지나서 왕이 다시 물었다. "아직 안 됩니다. 상대를 보려보며 성을 냅니다."하고 대답했다. 열흘 후에 또 물었다. "이젠 됐습니다. 상대가 울음소리를 내도 태도에 아무 변화가 없습니다. 멀리서 바라보면 마치 나무로 만든 닭 같습니다. 그 덕이 온전해진 겁니다. 다른 닭이 감히 대응하지 못하고 도망쳐 버립니다."하고 기성자는 대답했다.

紀渻子爲王養鬪鷄. 十日而問. 鷄已乎. 曰. 未也. 方虛憍而恃氣. 十日又問. 曰. 未也. 猶應嚮景. 十日又問. 曰. 未也. 猶疾視而盛氣. 十日又問. 曰. 幾矣. 鷄雖有鳴者. 已无變矣. 望之似木鷄矣. 其德全矣. 異鷄无敢應者. 反走矣.

渻-사람이름 성 鬪-싸울 투, 싸우게할 투 憍-교만할 교(驕) 恃-믿을 시 嚮-메아리 향(響)

제2장

1 동야직(東野稷)이 말 부리는 솜씨를 장공(莊公)에게 보였다. 그가 말을 부리니까 나아가고 물러남이 먹줄을 친 듯이 곧고 좌우로 돌면 그림쇠로 그린듯이 둥글었다. 장공은 천의 무늬도 이 만큼 교묘하리라 생각하고 논두렁길을 멀리 한 바퀴 돌고 오라고 했다. 장공의 신하인 안합이 도중에 그와 마주쳤다. 그리고 나서 장공에게 찾아 들어와 '동야직의 말은 곧 쓰러질 것입니다'하고 아뢰었다. 장공은 잠자코 아무 대꾸도 안 했다. 얼마 후 과연 말이 쓰러지고 동야직은 돌아왔다. 장공이 안합에게 물었다. "그대는 어떻게 이것을 알았는가?"

안합은 "그 말의 힘이 다했는데도 그대로 달리게 하고 있으니 그래서 쓰러진다고 했습니다." 하고 대답했다.

東野稷以御見莊公. 進退中繩. 左右旋中規. 莊公以爲文弗過也. 使之鉤百而反. 顔闔遇之. 入見曰. 稷之馬將敗. 公密而不應. 少焉果敢而反. 公曰. 子何以知

之. 曰. 其馬力竭矣. 而猶求焉. 故曰. 敗.

稷-기장 직, 곡신 직 御-부릴 어 繩-먹줄 승 旋-돌 선, 두를 선 規-그림쇠 규 鉤-그림쇠 구, 굽을 구 竭-다할 갈

2 열자(列子)가 관윤(關尹)에게 물었다. "덕이 지극한 사람은 금석(金石) 같은 것에 스며들어도 가로막을 수가 없고 불을 밟아도 뜨거워하지 않으며 만물의 아득히 높은 위를 가도 두려워하지 않는답니다만, 어떻게 그와 같이 되었는지 부디 가르쳐 주십시오. 관윤이 대답했다." 이것은 순수한 기(氣)를 지켰기 때문이지, 지혜나 기교, 용기 따위 탓이 아니야. 자 앉게. 내 자네에게 말해 주겠네. 대저 모습(용모容貌)나 모양(형상形象), 목소리(음성音聲)나 색채가 있는 것은 모두 사물일세. 같은 사물인데 무슨 서로 차이가 있겠는가! 그러니 사물이 어찌 남이 나보다 앞서는 것을 좋다고 하겠는가! 이는 다만 사물이 모양이나 색채에만 머물뿐 그것을 초월 하지 못하기 때문이지. 그런데 사물 속에서 모양을 지니지 않은 본래의 경지에 이르러 변화가 없는 곳에 머무르는 일이 있다네. 대체 이러한 이치를 터득하고 깊이 헤아린 자를 사물이 어찌 훼방할 수 있겠는가! 덕이 지극한 사람은 자기의 분수에 맞게 편히 머무르며 끝없는 자연의 도리에 깃든 채 만물의 근원에서 유유히 노닐고 그 본성을 순일(純一)하게 하며 정기(精氣)를 보양하고 본래의 자연스런 덕과 하나가 되어 만물이 생겨나는 조화(造化)의 근원과 통하게 된다네. 대체 이런 인물은 그 천성을 온전히 지키며 또 그 정신에 빈틈이 없으니 사물이 어찌 끼어 들 수가 있겠는가!

子列子問關尹曰. 至人潛行不窒. 蹈火不熱. 行乎萬物之上而不慄. 請問. 何以至於此. 關尹曰. 是純氣之守也. 非知巧果敢之列. 居. 予語女. 凡有貌象聲色者皆物也. 物何以相遠. 夫奚足以至乎先. 是色而已. 則物之造乎不形. 而止乎无所化. 夫得是而窮之者. 物焉得而止焉. 彼將處乎不淫之度. 而藏乎无端之紀. 遊乎萬物之所終始. 壹其性. 養其氣. 合其德. 以通乎物之所造. 夫若是者. 其天守全. 其神无郤. 物奚自入焉.

窒-막힐 질 蹈-밟을 도 慄-두려워할 률 造-이를 조 淫-과할 음, 넘칠 음 紀 -법기, 도 기 郤-틈 극(隙)

3 대체로 술 취한 자가 수레에서 떨어지면 다치기는 해도 죽는 일이란 없지. 뼈마디나 관절은 남과 같은 데 상해를 입는 것이 남과 다름은 그 정신 상태가 무아(無我), 무심(無心)하여 온전한 때문일세. 그는 수레를 탔다는 것도 모르고, 떨어졌다는 것 역시 모르지. 죽음과 삶, 놀라움과 두려움 따위가 그 마음속에 들어가지 않으니까 사물에 부딪쳐도 두려워하지 않는 거야. 그가 술에서 정신의 온전한 상태를 얻고도 이 정도인데 하물며 자연으로부터 온전함을 얻은 자야 어떻겠는가! 성인은 하늘의 자연에 머물고 있어서 그 무엇도 그를 해칠 수가 없다네. 가령 원수를 갚으려는 자라도 원수가 지닌 막야(鏌鋣)나 간장(干將) 같은 명검(名劍)까지 미워서 꺾어 버리지는 않고, 아무리 성질이 거칠고 사나운 자라도 지붕에서 저절로 떨어지며 몸에 맞는 기왓장을 원망하지는 않아. 이와 같이 사람들이 무심하게 있으면 천하는 태평해지네. 때문에 공격전(攻擊戰)의 난(亂)이 없고 살육의 형벌(刑罰)이 없는 평화로운 세상은 무심의 도에 의하는 걸세. 인위적인 지혜나 기교, 용기 따위의 마음을 펼치지 않고 무위 자연(無爲自然)의 천덕(天德)을 펼쳐야 해. 천덕을 펼치는 자는 덕이 생겨서 마음이 편안하고, 인위를 펼치는 자는 해가 생겨 세상을 어지럽히지. 언제나 그 천덕을 온전하게 지니고 인위적인 마음을 삼가도록 하면 백성은 진실한 삶에 가까워질 걸세.

夫醉者之墜車. 雖疾不死. 骨節與人同. 而犯害與人異. 其神全也. 乘亦不知也. 墜亦不知也. 死生驚懼. 不入乎其胸中. 是故迕物而不慴. 彼得全於酒. 而猶若是. 而況得全於於天乎. 聖人藏於天. 故莫之能傷也. 復讐者不折鏌干. 雖有忮心者不怨飄瓦. 是以天下平均. 故无攻戰之亂. 无殺戮之形者. 由此道也. 不開人之天. 而開天之天. 開天者德生. 開人者賊生. 不厭其天. 不忽於人. 民幾乎以其眞.

疾-병 질, 앓을 질 迕-만날 오 慴-두려워할 습 讐-원수 수 鏌-칼이름 막 忮-헤칠 기, 거스를 기 飄-떨어질 표 忽-소홀히할 홀

4 손휴(孫休)라는 자가 있었다. 편경자(扁慶子)의 집에 찾아와서 물었다. “저는 고향에 살며 심신(心身)을 수양하지 못했다는 말을 듣지 않았고, 어려운 일에 용기가 없다는 소리도 듣지 않았습니다. 그런데 들에서 논밭을 갈면 풍년을 만나지 못하고, 임금을 섬기면 대우를 받지 못하며, 고향에서는 배척당하고 고을에서는 추방당합니다. 대체 하늘에 무슨 죄를 지었다고 저는 이런 운명을 겪는 겁니까?” 편자(扁子)가 대답했다. “그대는 덕이 지극한 사람의 행동에 대한 말을 들은 일이 없는가? 그는 간담(肝膽) 따위 몸 안의 기관을 잊고 눈귀 따위 감각 기관까지도 잊어버린 채 무심하게 세속 밖에서 떠다니고 인위(人爲)를 일삼지 않는 자연 속에 노닌다. 이런 것을 일을 해도 그 재능을 믿지 않고 사물을 자라게 해도 그 공적(功績)을 맡지 않는다고 한다. 그런데 지금 그대는 지식을 꾸미고 어리석은 사람들을 놀라게 하며 제 몸을 수양하여 남의 더러운 것을 밝혀내서 휘황하게 마치 해와 달이라도 내걸고 가듯이 자기를 내세우고 있다. 그대가 몸을 온전하게 지니고 눈, 귀, 코, 입 등 아홉 구멍을 아무 탈 없이 갖추며, 중도에 귀머거리, 장님, 절름발이가 되는 불행을 겪지 않고 남들처럼 헤아려지고 있는 것은 그래도 다행이다. 그런데 또 어찌 하늘을 원망하겠는가! 썩 꺼지게.” 손휴가 나가자 편자는 방에 다시 들어와 앉아 얼마 동안 그대로 있다가 이윽고 하늘을 우러르며 한숨을 쉬었다. 제자가 물었다. 선생님은 어째서 한숨을 쉬십니까? 편자가 대답했다. 아까 손휴가 왔을 때 나는 그대에게 지인(至人)의 덕을 말해 주었는데, 그가 그만 놀라서 정신이 헷갈려 멍청해지지 않았는지 걱정이 돼서 그런다.

有孫休子．踵門而詫子扁慶子曰．休居鄕不見謂不修．臨難不見謂不勇．然而田原不遇歲．事君不遇世．賓於鄕里．逐於州部．則胡罪乎天哉．休惡遇此命也．扁子曰．子獨不聞夫至人之自行邪．忘其肝膽．遺其耳目．芒然彷徨乎塵垢之外．逍遙乎无事之業．是謂爲而不恃．長以不宰．今汝飾知以驚愚．修身以明汙．昭昭乎若揭日月而行也．汝得全而形軀．具而九竅．无中道夭於聾盲跛蹇．而比於人數．弟子問曰．先生何爲歎乎．扁子曰．向者休來．吾告之以至人之德．吾恐其驚而遂至於惑也．

踵-이를 종, 자주 종 詑-속일 타 扁-납작할 편 賓-물리칠 빈(擯) 州-고을 주 部-마을 부 胡-어찌 호 宰-주관할 재 汙-더러울 오(汚) 夭-재앙 요 跛-절뚜발이 파 蹇-절뚝발이 건

제3장

[1] 가을의 홍수가 한꺼번에 넘쳐 숱한 강물이 황하(黃河)로 흘러들었다. 물의 흐름이 질펀하게 멀리까지 퍼져서 양쪽 강가며 모래톱 둘레를 보아도 소와 말을 분별할 수가 없을 정도였다. 여기에 황하의 신인 하백(河伯)이 기뻐서 좋아하며 온 천하의 훌륭함이 모두 자기에게 모여 있다고 생각했다. 흐름을 따라 동쪽으로 가서 북해(北海)에 이르러 동쪽의 해상을 보니 어찌나 넓은지 물의 끝도 보이지 않았다. 그래서 하백은 비로소 그 얼굴을 돌려 북해의 신인 약(若)을 올려다보고 한숨을 지으며 말했다. 속담에 "백쯤되는 도리를 들으면 저보다 나은 자가 없다고 생각한다."는 말이 있지만 이건 바로 나를 두고 말한 것이오. 대체 나는 이전에 공자의 지식도 작은 거라든가 백이(伯夷)의 절의(節義)도 가벼운 거라는 말을 들은 적이 있는데 지금껏 믿지 않았습니다. 그런데 지금 나는 당신의 무궁한 모습을 직접 목격했습니다. 내가 만약 당신의 문전에 오지 않았다면 위태로웠을 겁니다. 나는 오랫동안 뛰어난 도를 터득한사람들로부터 비웃음을 샀을 테니까요.

秋水時至. 百川灌河. 涇流之大. 兩涘渚崖之間. 不辯牛馬. 於是焉. 河伯欣然自喜. 以天下之美爲盡在己. 順流而東行. 至於北海. 東面而視. 不見水端. 於是焉. 河伯始旋其面目. 望洋向若而歎曰. 野語有之. 曰聞道. 百以爲莫己若者. 我之謂也. 且夫我嘗聞少仲尼之聞而輕伯夷之義者. 始吾弗信. 今我睹子之難窮也. 吾非至於子之門. 則殆矣. 吾長見笑於大方之家.

務-힘쓸 무 卻-물리칠 각 虧-이지러질 휴

[2] 제2장 주3)참조

3 공수(公倕)가 (도면圖面을 그리며) 줄을 그으면 그림쇠나 곱자보다도 뛰어났다. 그의 손이 그림쇠나 곱자와 함께 변화하므로 마음에 생각 따위가 깃들지 않는다. 때문에 그 마음은 하나가 되어 막히지 않는다. 발을 잊는 것은 신이 꼭 맞기 때문이고 허리를 잊는 것은 꼭 맞기 때문이다. 시비를 잊는 것은 마음이 (자연스러움에) 알맞기 때문이다. 마음이 변동하지 않고 외물(外物)을 따르지 않는 것은 스스로의 처지에 편히 있으며 거기에 알맞기 때문이다. 스스로 알맞은 데서 시작하여 늘 알맞지 않음이 없는 자는 이윽고 그 알맞다는 것도 잊은 참된 자적(自適)의 경지에 있게 된다.

公倕旋而蓋規矩. 指與物化. 而不以心稽. 故其靈臺一而不桎. 忘足. 履之適也. 忘要. 帶之適也. 知忘是非. 心之適也. 不內變. 不外從. 事會之適也. 始乎適. 而未嘗不適者. 忘適之適也.

倕-사람이름 수 矩-곱자(曲尺) 구 指-손발가락 지 稽-머무를 계 屨-신 구 帶-띠 대

4 1)과 같음.

5 제2장 주3)과 제3장 주3) 참조.

제4장

1 안연(顏淵)이 중니(仲尼 : 공자)에게 물었다. "저는 이전에 상심(觴深)이라는 못을 건넜는데 사공의 배 젓는 솜씨가 신기(神技)와도 같았습니다. 그래서 그에게 배 젓는 것도 배울 수가 있는 거요?"하고 물었더니 "그렇소. 헤엄을 잘 치는 자라면 몇 번이고 되풀이하는 동안에 잘 젓게 되오. 그러나 저 잠수를 잘하는 자는 배를 본 일이 없어도 곧 젓게 되오."라고만 대답하고는 제가 더 물어도 말해 주지 않았습니다. 부디 어째서 그런지 가르쳐 주십시오. 중니가 대답했다. "헤엄 잘 치는 자가 몇 번이고 되풀이 하는 동안에 잘 젓게 된다는 건

물에 익숙해져서 물을 잊기 때문이다. 저 잠수 잘하는 자가 배를 본 일이 없이도 곧 젓게 된다는 건 그가 못을 육지의 언덕처럼 여기며 배가 뒤집혀도 수레가 언덕에서 뒷걸음치는 정도로 밖에 생각지 않기 때문이다. 뒤집히고 뒷걸음치는 등 갖가지 위험이 눈앞에 펼쳐져도 그 마음에 스며들어가 혼란을 일으키지는 못할 것이다. 어디에서나 이유가 있다. 질그릇으로 내기 활을 쏘면 솜씨가 좋아 잘 맞는다. 띠쇠로 내기 활을 쏘면 주저하여 잘 안 맞게 된다. 황금으로 내기 활을 쏘면 마음이 혼란하여 전혀 안 맞게 된다. 그 재주는 마찬가지인데 아끼는 마음이 있어서 외물(外物)만 소중히 여기기 때문이다. 모두 외물만 소중히 한다면 안에 있는 정신은 옹졸해지고 만다.

顔淵問仲尼曰. 吾嘗濟乎觴深之淵. 津人操舟若神. 吾問焉曰. 操舟可學邪. 曰. 可. 善游者數能. 若乃夫沒人. 則未嘗見舟. 而便操之也. 吾問焉而不吾告. 敢問何謂也. 仲尼曰. 善游者數能. 忘水也. 若乃夫沒人之未嘗見舟. 而便操之也. 彼視淵若陵. 視舟之覆猶其車卻也. 覆卻萬方陳乎前. 而不得入其舍. 惡往而不暇. 以瓦注者巧. 以鉤注者憚. 以黃金注者殙. 其巧一也. 而有所矜. 則重外也. 凡外重者內拙.

濟-건널 제 觴-잔(넬) 상 津-나루 진 操-부릴 조 游-헤엄칠 유
陳-늘어놓을 진 鉤-띠쇠 구 憚-꺼릴 탄 殙-흐릴 혼(惛) 矜-아낄 긍 拙-졸할 졸

2 공자가 여량(呂梁)이라는 곳에 여행했다. 거기에는 삼십 길의 폭포수와 사십 리까지 뻗친 급류(急流)가 있어서 물고기나 자라도 헤엄칠 수가 없는 곳이었다. 그런데 그런 급류에서 한 사나이가 헤엄치고 있는 것을 보고 공자는 뭔가 괴로움이 있어 죽으려고 뛰어든 거라 생각하고 제자를 시켜 물길을 따라가 그를 건져 주라고 했다. 몇 백 걸음을 따라가 보니 사나이는 물에서 나와 머리를 풀어 헤친 채 노래를 부르며 둑 밑에 쉬고 있었다. 공자는 따라가서 물었다. "나는 당신을 귀신인가 했는데 잘 살펴보니 당신은 사람이오. 한마디 묻겠는데 물에서 헤엄치는 데에도 도가 있는 거요?" 사나이가 "없소. 내게 도란 없고 평소에 늘 익히는 것으로 시작하여 본성에 따라 나아지게 하고 천명(天命)에 따

라 이뤄지게 한 겁니다. 나는 소용돌이와 함께 물 속에 들어가고 솟는 물과 더불어 물 위에 나오고 물길을 따라가며 전혀 내 힘을 쓰지 않습니다. 이것이 내가 헤엄치는 방법이오." 하고 대답했다. 공자가 물었다. 평소에 익히는 것으로 시작하여 본성에 따라 나아가게 하며 천명에 따라 이뤄지게 한다 함은 무슨 말이오? 사나이는 "내가 육지에서 태어나 육지에 편히 사는 것을 본성이라 하며, 어째서 물속을 헤엄칠 수 있는가를 모른 채 헤엄치는 것을 천명(天命)이라 하오." 하고 대답했다.

孔子觀於呂梁. 縣水三千仞. 流沫四十里. 黿鼉魚鱉之所不能游也. 見一丈夫游之. 以爲有若而欲死也. 使弟子竝流而拯之. 數百步而出. 被髮行歌. 而游於塘下. 孔子從而問焉曰. 吾以子爲鬼. 察子則人也. 請問. 蹈水有道乎. 曰. 亡. 吾无道. 吾始乎故. 長乎性. 成乎命. 與齊俱入. 與汨偕出. 從水之道. 而不爲私焉. 此吾所以蹈之也. 孔子曰 何謂始乎故. 長乎性. 成乎命. 曰. 吾生於陵而安於陵故也. 長於水而安於水性也. 不知吾所以然而然命也.

仞-길 인 黿-자라 원 鼉-악어 타 鱉-자라 별(鼈) 拯-건질 증, 도울 증 被-흩뜨릴 피(披) 行-행할 행 塘-둑 당, 못 당 蹈-밟을 도 汨-물결 골 偕-함께 해

3 열자(列子)가 관윤(關尹)에게 물었다. "덕이 지극한 사람은 금석(金石) 같은 것에 스며들어도 가로막을 수가 없고 불을 밟아도 뜨거워하지 않으며 만물의 아득히 높은 위를 가도 두려워하지 않는답니다만, 어떻게 그와 같이 되었는지 부디 가르쳐 주십시오. 관윤이 대답했다." 이것은 순수한 기(氣)를 지켰기 때문이지, 지혜나 기교, 용기 따위 탓이 아니야. 자 앉게. 내, 자네에게 말해 주겠네. 대저 모습(용모容貌)이나 모양(형상形象), 목소리, 음성(音聲)이나 색채가 있는 것은 모두 사물일세. 같은 사물인데 무슨 서로 차이가 있겠는가! 그러니 사물이 어찌 남이 나보다 앞서는 것을 좋다고 하겠는가! 이는 다만 사물이 오양이나 색채에만 머물뿐 그것을 초월 하지 못하기 때문이지. 그런데 사물 속에서 모양을 지니지 않은 본래의 경지에 이르러 변화가 없는 곳에 머무르는 일이 있다네. 대체 이러한 이치를 터득하고 깊이 헤아린 자를 사물이 어찌 훼방

할 수 있겠는가! 덕이 지극한 사람은 자기의 분수에 맞게 편히 머무르며 끝없는 자연의 도리에 깃든 채 만물의 근원에서 유유히 노닐고 그 본성을 순일(純一)하게 하며 정기(精氣)를 보양하고 본래의 자연스런 덕과 하나가 되어 만물이 생겨나는 조화(造化)의 근원과 통하게 된다네. 대체 이런 인물은 그 천성을 온전히 지키며 또 그 정신에 빈틈이 없으니 사물이 어찌 끼어 들 수가 있겠는가!

子列子問關尹曰. 至人潛行不窒. 蹈火不熱. 行乎萬物之上而不慄. 請問. 何以至於此. 關尹曰. 是純氣之守也. 非知巧果敢之列. 居. 予語女. 凡有貌象聲色者皆物也. 物何以相遠. 夫奚足以至乎先. 是色而已. 則物之造乎不形. 而止乎无所化. 夫得是而窮之者. 物焉得而止焉. 彼將處乎不淫之度. 而藏乎无端之紀. 遊乎萬物之所終始. 壹其性. 養其氣. 合其德. 以通乎物之所造. 夫若是者. 其天守全. 其神无郤. 物奚自入焉.

窒-막힐 질 蹈-밟을 도 慄-두려워할 률 造-이를 조 淫-과할 음, 넘칠 음 紀 -법 기, 도 기 郤-틈 극(隙)

참고자료

[1] 야규 무네요시(柳生宗嚴)

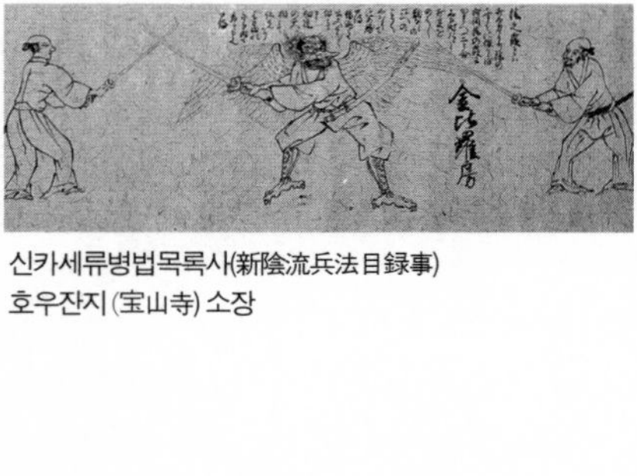

신카세류병법목록사(新陰流兵法目錄事)
호우잔지(宝山寺) 소장

가미이즈미 노부츠나(上泉信綱)를 만나 신카게류(新陰流)를 배웠다. 신카게류의 비전서를 계승하여 야규신카게류를 세웠다. 특히 가미이즈미 노부츠나를 만난 이야기는 세간에 유명하다.

야규가의 문장(柳生家の替紋)
야규삿갓(柳生笠)

어느날 야규가 스스로를 강하다고 생각하고 있을 때 가미이즈미 노부츠나의 소문을 듣고 찾아가 시합을 청했다. 하지만 가미이즈미는 시합에 응하지 않아, 가미이즈미의 제자들과 시합을 하게 되지만 제자들에게도 이기지 못했다. 결국, 이를 계기로 야규는 스스로를 반성하고 가미이즈미 노부츠나의 제자가 되어 신카게류를 계승하게 되었다.

[2] 타쿠앙 소우호(沢庵宗彭, 1573~1646) 선사

효고현 토요오카시의 스쿄우지(宗鏡寺)에 있는 타구앙 선사의 무덤

오늘날의 효고현 토요오카시에서 태어났다. 에도시대 임제종의 승려로 서도, 시, 차의 명인으로 알려져 있다. 특히 일본의 김치라고 할 수 있는 '타쿠앙'을 처음 만든 승려로 알려져 있다. 그는 많은 검술가, 사상가들에게 영향을 준 에도를 대표하는 승려 중 한 명이다. 선과 검술의 관계를 제시하는 『부동지신묘록』을 야규 무네요시에게 편지형식으로 적어 보냈다. 이는 현대의 무도철학 형성에 지대한 영향을 주었다.

[3] 미야모토 무사시(宮本武蔵, 1584-1645)

오늘날 오카야마현 오오하라쵸에서 태어난 에도시대 초기의 검객이자 병법가이다. 60세에 병법서인 『오륜서』를 후세에 남겼다. 오늘날 시모노세키시(下関市)에 위치한 간류지마(巌流島)라는 섬에서 당대의 검객 사사키 고지로(佐々木小

사사키 고지로
(佐々木小次郎)와
미야모토 무사시의 간류
지마(巖流島) 결투

◀미야모토 무사시 상
시마다(島田) 미술관 소장
구마모토현(熊本県) 지정 중요문화재

次郎)와의 대결은 유명하다. 평생 60 여 번의 결투에서 한 번도 패한 적이 없다고 한다. 학자들은 그를 준비된 사무라이로 표현한다. 물론 실력도 뛰어났지만 상대에 대한 정확한 정보를 바탕으로 상대를 사전에 파악하고 결투 장소의 지형적, 자연적인 특성을 이용하여 승부에 임했다고 전해진다. 오늘날 일본의 스포츠가 상대팀 선수들을 면밀히 파악하는 정신은 아마도 미야모토 무사시에게서 전해진 병법일 것이다.

4 오륜서(五輪書)

일본의 전설적인 사무라이이자 예술가인 미야모토 무사시(宮本武藏, 1584~1645)의 저서.

검술에 대한 이야기를 넘어 전투에서의 심리적, 신체적 변화를 구체적으로 설명한 세계적인 군사이론 서적이다.

손무의 『손자병법』과 클라우제비츠의 『전쟁론』과 더불어 세계의 3대 병법서로 불린다. 또한 루스 베네딕트의 『국화와 칼』, 니토베 이나조의 『무사도』, 다이지타오의 『일본론』과 더불어 일본에 관한 4대 명저 가운데 하나이다.

참고 문헌

단행본

곽철환(1998), 불교길라잡이, 시공사.

김윤수 역주(2008), 참불교를 알고 싶어하는 이들을 위한 육조단경, 한산암.

김정행 외(2002), 무도론, 교학출판사.

노만수 옮김(2011), 오륜서, 일빛

성백효 역주(2000), 현토 완역 대학 · 중용집주, 전통문화연구회.

성백효 역주(2001), 현토완역맹자집주, 전통문화연구회.

성백효 역주(2005), 현토완역논어집주, 전통문화연구회.

안동림 역주(2005), 장자, 현암사.

오강남 풀이(1999), 장자, 현암사.

이기영 역해(1978), 금강경(목탁신서 3), 한국불교연구원.

임채우 옮김(1998), 왕필의 노자, 예문서원.

임채호 역(2006), 주역(왕필 주), 길.

정성본 역주(2009), 돈황본 육조단경(敦煌本 六祖壇經), 한국선문화연구원

정인재 역(1979), 풍우란의 중국철학사, 형설.

최진석 주해(2001), 도덕경, 소나무.

나카가와 다카(中川孝) 주해, 양기봉 옮김(2005), 육조단경, 김영사.

文化体育観光部(2008), 生活体育関連法人現況, 文化体育観光部 : 韓国

阿部吉雄 外(1966), 老子 · 莊子 上. 明治書院.

新渡戸積造(2010), 武士道, 東京 : 岩波文庫.

논문 · 잡지류

강대환(2003), 한국과 일본의 검도 문화 비교 연구, 미간행 석사학위논문, 서강대학교 교육대학원.

김영학(1999), 한국 체육사 영역에 따른 검술 및 검도의 발달 과정에 관한 연구, 미간행 박사학위논문, 명지대학교대학원.
김현용 · 박상섭 · 박정진(2011)고양이의 묘술 번역과 그 철학적 해석, 대한무도학회12(3).
박동철(1996), 검도 수행 체험의 교육적 및 철학적 가치, 미간행 박사학위논문, 세종대학교대학원..
安藤宏三・金田安正(1980), ヨーロッパにおける剣道愛好者の意識調査 1, 早稲田大学体育研究紀要 第12号, pp.48-60.
安藤宏三・金田安正(1981), ヨーロッパにおける剣道愛好者の意識調査2, 早稲田大学体育研究紀要 第13号, pp.36-45.
伊保 清次(1968), 猫の妙術-田舎荘子の語る剣の極意, 警察大学論文.
井島章・岩切公治・井上哲学・朴東哲(2000)韓国における学道の意識調査ー韓国及び日本の大学生を比較してー, 国際武道大学研究紀要 第16号, pp.191-196.
岩切公治・井島章・井上哲学・朴東哲(2000), 韓国における剣道の実態調査, 国際武道大学研究紀要 16, pp.213-217.
剣道日本(1992), 剣道日本：秘伝書抄訳シリーズ 4号.
剣道日本(1992), 剣道日本：秘伝書抄訳シリーズ 5号.
金義信(2009), 外国人剣道実遷者にみる剣道の伝統的文化性の理解について, 東北福祉大学研究紀要 第33号.
金炫勇(2007), 韓国の剣年における剣道の捉え方に関する研究, 広島大学大学院教育学研究科, 修士論文.
金炫勇・草間益良夫(2010), 韓国の青年における剣道の捉え方に関する比較研究ー剣道の経験度による比較からー, 広島体育学研究 37, pp.1-10.
金炫勇(2010), 韓国剣道ナショナルチーム選手の剣道に対する意識ー韓国剣道大学選手との比較からー, 広島大学大学院教育学研究科紀要 59, pp.345-352.
軸原千恵・湯浅晃・木原資裕・ヴェルラモヴセルゲイ(2005), アメリ人剣道家の剣道に対する意識について一，武道学研究 第38巻別册，p.27.
草間益良夫(1993)，青年の剣道に対する意識一高校生・大学生を対象として，全国剣育大学研道連盟研究部会, pp.13−52.
朴周鳳(2010)，韓国政府にみる「伝統文化」の創造：2008年「伝統文化振興法」の制定をめぐって，日本学育学研究 55, pp.125−135.
田中守(2007)，剣道における競技と人間形成.国武大紀要 第23号, pp.1−5.
上山智身(1980)，「猫の妙術」に観る剣道の心と念仏の心，駒澤大学保健体育部研究紀要 巻2, pp.1-11.
湯浅晃(2001)，武道伝書を読む,日本武道館，pp.131−144.
佚齋樗山子(1982)，日本武道大系 第九巻，同朋舎出版，pp.54−59.
大保木輝雄(2000)，武の素描一体を中心にした体験的武道論，財団法人日本武道館，pp.40−46.
天理大学体育学部(2006)，武道と宗教，天理大学出版部，pp.6−16.

『고양이 대학교』

『고양이 대학교』 번역문

『고양이 대학교』 원문

『고양이 대학교』 영문 요약문

『고양이 대학교』
(원제 : 고양이의 묘술) 번역문

쇼켄이라는 검술가가 있었다. 어느 날 그의 집에 큰 쥐가 나타나 백주 대낮부터 돌아다녔다. 그래서 쇼켄은 방문을 닫아 걸고 집에서 기르는 집고양이에게 쥐를 잡도록 했다. 하지만 쥐가 고양이의 얼굴에 뛰어올라 물어뜯자, 고양이는 깜짝 놀라 소리를 지르며 달아나 버렸다. 집에서 기르는 고양이로는 도저히 어찌할 방도가 없다고 생각한 쇼켄은 하인에게 집 근처에서 평판이 뛰어나다고 소문난 고양이들을 데려오게 했다. 하인이 고양이들을 데려오자 쇼켄은 쥐가 있는 방 안에 고양이들을 밀어 넣고 방안을 살며시 엿보았다.

하지만 방 안에 있는 쥐는 방구석에 가만히 앉아 있다가 고양이가 다가오면 뛰어들어 그 면상을 물어뜯는데, 그 모습이 너무나 처참하여 꼬리를 내린 채 앞으로 나아가는 고양이가 한 마리도 없

었다. 이를 보고 화가 머리끝까지 치밀어 오른 쇼켄은 쥐를 때려 죽이려고 직접 목검을 들고 쫓아 다니면서 방안을 이리저리 휘둘렀다. 하지만 쥐는 목검 사이를 빠져나가며 쇼켄의 약만 올렸다.

결국, 쇼켄은 방문을 부수고 창호지까지 너덜너덜하게 만들고 말았지만 쥐를 잡지는 못했다. 쥐는 쇼켄의 목검을 피해 공중을 뛰어 넘는데 그 동작이 너무나 민첩하고 번개처럼 빨랐다. 게다가 아차 하면 쇼켄의 면상에까지 뛰어들 기세였다. 쇼켄은 땀을 뻘뻘 흘리면서 하인을 불렀다.

"여기에서 육, 칠촌 떨어진 곳에 굉장히 뛰어난 고양이가 있다는 소문을 들었다. 그 녀석을 당장 빌려오너라."

하인은 즉시 수소문해 그 고양이를 데리고 왔다. 그런데 하인이 데리고 온 고양이는 그 생김새가 전혀 똘똘해 보이지 않고 소문처럼 시원시원해 보이지도 않는 단지 늙은 고양이였다. 그러나 하인이 우선 집어 넣어 보라고 권하기에 늙은 고양이를 방안에 집어넣었더니, 쥐는 갑자기 위축되어 전혀 움직이질 못했다. 늙은 고양이는 아무 일도 없었다는 듯이 느릿느릿 걸어가서 그 쥐를 물어와 쇼켄에게 바쳤다.

그날 밤 동네 고양이들이 회의를 소집했다. 동네 고양이들은 쇼켄의 집에 모여, 쥐를 잡은 늙은 고양이를 상석에 앉히고 그 앞에 모두 무릎을 꿇고 앉았다.

그러자 무리의 대표로 보이는 고양이가 나와 예의를 표하면서 말하기를,

"저희들은 모두 뛰어난 고양이라 불리며 쥐 잡는 기술을 수련해 왔습니다. 쥐라고 하면 그것이 족제비든 수달이든 가리지 않고 붙잡으려고 발톱을 갈고 닦아 왔는데, 지금까지 이처럼 강한 쥐를 만나 본 적이 없습니다. 선생님께서는 도대체 어떤 기술을 사용하셔서 그처럼 간단하게 그 쥐를 복종 시키셨는지요? 제발, 저희들에게도 선생님의 그 묘술(妙術)을 가르쳐 주십시오."

노인 고양이는 웃으면서 대답했다.

"여기 모인 여러분은 모두 젊은 고양이들로서 각자 아주 훌륭하게 수련을 해왔지만 아직 정도(正道)에 대해서 들어 본 적이 없

기 때문에 예상 외의 상대를 만나서 실패하지 않았나 싶습니다. 자! 그럼, 제가 이야기를 하기 전에, 먼저 여러분들이 어떻게 수행해 왔는지를 들어 보면 좋겠습니다."

그러자, 고양이들 무리 중 날카롭게 생긴 검은 고양이 한 마리가 앞으로 나와서,

"저는 쥐를 잡는 집안에서 태어나 그 길만을 마음에 두고 7척의 병풍을 뛰어넘고 작은 구멍으로 들어가는 등 새끼 고양이 시절부터 빠른 공격, 가벼운 몸놀림 등 못하는 것이 없었습니다. 더욱이 어떤 때는 자는 척하는 임기응변의 술책을 부리거나, 갑자기 천장을 달리는 쥐라고 하더라도 잡지 못한 적이 없었습니다. 그런데 오늘은 예상외로 강한 쥐를 만나, 평생 잊을 수 없는 수모를 맛보게 되어 너무나 속이 상합니다."

이를 들은 늙은 고양이가 말하기를

"당신이 수행한 것은 기능적인 동작일뿐 본래 추구해야 할 마음의 기술을 간과하고 있었다고 생각합니다. 옛 선현들이 동작을 가르칠 때는 본래의 마음에 도달하기 위한 하나의 과정으로서 동작과 기술을 가르쳤습니다. 그래서 동작은 단순 명료하지만 그 속에는 깊은 도리(道理)를 내포하고 있지요! 하지만 시간이 지나면서 기술만을 중요시하는 풍조가 만연해져 '이렇게 오면 이렇게 대응한다는 식'의 다양한 동작과 기술을 만들어 아주 정교하고 치밀하게 연습하지만, 당장 습득할 수 있는 눈앞의 기술에 집착하게

되어 안타깝게도 결국은 기술로 우열을 가리는 식이 되고 말았지요. 결국 시간이 지나면서 그 기술 개발도 바닥이 나서 어쩔 도리가 없어졌지요. 소인(小人)으로 눈앞에 보이는 것에만 집착하는 사람은 모두 이러한 자들입니다.

머리로 생각하는 지력(知力)이란 마음 공부에 필요한 것이지만 모든 것이 마음공부의 한 과정이라는 도리(道理)를 간과하고 단지 표면적인 기술만을 좇는다면 이는 잘못의 원인이 되어 앞질러 나가던 지력이 오히려 해가 되는 경우가 많습니다. 이를 자주 반성하고 고민하지 않으면 안 되지요.

검은 고양이가 무리 속으로 들어가자 큰 호랑이무늬 고양이가 한 발 앞으로 나와서

"저는 무술(武術)이란 기력(氣力)에 바탕을 두고 있다고 생각해 오랜 세월 동안 기력을 단련해 왔습니다. 지금 저의 기력은 활력이 넘치고 그 강건함은 하늘을 찌를 듯 합니다.

저는 적을 먼저 기력으로 압도해서 우선 기력에서 이긴 뒤에 앞으로 나아갑니다. 상대의 소리가 들리면 바로 좇아 들어가고 조금이라도 상대의 움직임이 포착되면 바로 이에 대응하여 쥐를 오른쪽, 왼쪽으로 좇아 어떤 변수가 있더라도 잡지 못한 적이 없습니다. 이리하여 이제는 기술을 사용할 때 의지가 없어도 동작이 자연스럽게 솟아나오는 단계에 이르렀습니다.

한번은 천장을 뛰어다니는 쥐를 매섭게 쏘아봐서 떨어뜨려 잡

은 적도 있습니다. 그런데 이 번에 만난 그 놈의 쥐는 다가 올 때는 그 모습이 없고, 사라질 때도 그 모습이 보이지 않으니 도대체 그 놈의 쥐는 어떤 쥐입니까?"

늙은 고양이가 말하기를

"당신의 수련은 기세(氣勢)를 중심으로 움직이는 방법이군요. 이는 자기 자신에게 자신감이 있을 때 즉 젊을 때 가능한 것이지 최선의 방법은 아닙니다. 자신이 먼저 기력에서 이긴 뒤에 앞으로 나아가려고 하면 상대 또한 기력으로 먼저 이기고자 할 것입니다. 그러나 기력으로 승부하여 이기려 해도 이길 수 없는 상대라면 어떻게 하겠습니까? 자신이 기력에서 우위를 차지하여 상대를 소멸시키고자 하면 상대 또한 우위를 차지하고자 할 것입니다. 하지만 우위를 차지할 수 없는 상대가 있을 때는 어떻게 하겠습니까? 자기만 강하고 다른 상대는 모두 약하다는 생각은 대단히 위험한 생각입니다.

기력과 활력이 넘치고 강건함이 하늘을 찌를 듯이 느껴지는 것은 기(氣)의 형태(形 혹은 형상—기가 겉으로 드러나는 모습) 에 지나지 않습니다. 기세란 겉으로 보기에 맹자(孟子)의 '호연지기(浩然之氣)'와 비슷해 보이지만 사실은 전혀 다른 것입니다. 맹자의 호연지기는 앞을 내다보는 강함이 내재되어 있습니다. 하지만 당신의 경우는 지금 당장의 기세(勢, 힘 혹은 겉으로 드러나는 기운)에만 의존하고 있습니다.

그러므로 당신이 얻은 그 성과 또한 힘으로 얻은 것일 뿐입니다. 이는 곧 큰 강(大河)에서 느낄 수 있는 강물의 기세(勢)와 그 근처에 있는 작은 강에서 하룻밤에 범람하는 시냇물의 기세와 비교하는 것에 지나지 않습니다.

'쥐도 궁지에 몰리면 고양이를 문다'라는 속담이 있듯이, 그 궁지에 몰린 쥐를 한번 생각해 보십시요? 궁지에 몰린 쥐는 기댈 구석이 전혀 없어서 사는 것도 죽는 것도 잊고 욕심마저 잊어버려서 이기고 지는 것에 대해서는 전혀 생각하지 않습니다. 심지어 자신을 버리고 지키고자 하는 마음도 없지요. 그래서 그 의지는 강철과 같이 강하다고 할 수 있습니다. 이러한 상대가 어떻게 기세에 질 수 있겠습니까? "

큰 호랑이무늬 고양이가 무리 속으로 들어가자 이번에는 회색털 초로의 고양이가 조용히 앞으로 나와서 말하기를,

"말씀하신 대로 기(氣)가 왕성하다고 해도 그것은 형태에 지나지 않습니다. 형태(形)가 있는 것은 그것이 아주 미세한 것이라 하더라도 눈에 보이기 마련입니다. 그래서 저는 오랫동안 마음 단련을 해 왔습니다. 기세를 드러내지 않고, 다투어 우열을 가리지도 않으며, 화이부동(和而不同)하여 도리에 맞지 않는 일에는 동조하지도 않았습니다. 강하게 나오는 상대에게는 강하게 대응합

니다. 저의 기술을 한마디로 말하자면 유막(帷幕, 면적이 넓은 천)과 같습니다.

그 기술은 상대의 돌멩이를 유막으로 부드럽게 감싸는 것이라 표현할 수 있습니다. 그래서 지금까지 어떤 강한 쥐라고 할지라도 저에게 대항할 수 있는 쥐를 만난 적이 없습니다. 하지만 오늘 만난 쥐는 기세에도 지지 않고 부드러움(和)에도 대응하지 않으며 다가오고 물러서는 것이 마치 신(神, 귀신)의 움직임과 같았습니다. 저는 지금까지 이런 쥐를 만나 본 적이 없습니다."

늙은 고양이가 말하기를

"당신이 말하는 부드러움이란 자연적인 부드러움이 아닙니다. 당신은 부드러워지려고 의식하여 일부러 상대방에게 맞추고 있을 뿐입니다. 상대의 날카로운 기세를 받아 치고자 하지만, 조금이라도 마음에 잡념이 생기면 상대는 그 낌새를 금방 알아차리게 되지요. 의식을 해서 부드러워지고자 하면 결국 그 마음이 흐려지고 말지요. 머리 속으로 생각해서 행하는 것은 자연적인 감각을 방해하고 맙니다. 자연적인 감각이 닫혀버리면 당신이 말하는 진정한 자연적인 부드러움이 생겨나지 않습니다. 머리 속으로 생각하지 말고 또한 생각해서 행하지도 말며 자연스러운 감각에 따라 움직일 때 자기의 형태마저 사라지게 됩니다. 바로 이러한 상태에 도달한 자는 이 세상에 그 적수가 없을 것입니다.

그러나 제가 이렇게 말한다고 해서 여러분이 지금까지 익혀오고 지금 배우고 있는 모든 것이 전부 무용지물(無用之物)이라는 뜻은 아닙니다. 제가 말하고자 하는 것은 마음과 기술이 일치 했을 때(心技一體) 진정한 동작이 된다는 것입니다. 기(氣)는 몸에 반드시 필요한 것입니다. 기가 왕성할 때에는 사태(事態)에 대한 대응이 부드럽게 이루어지고 상대의 힘을 이용할 때에도 자신의 힘만을 사용하지 않게 됩니다. 또한 금석과 같이 딱딱한 것과 부딪혀도 꺾이지 않습니다. 하지만 조금이라도 머리로 생각하게 되면 모든 것이 일부러 의도한 것이 됨으로 자연체(自然體)가 부숴지고 만다는 것을 명심하십시오. 자연체(自然體)가 부숴지면 상대를 마음으로 제압할 수 없기에 결국 상대가 이쪽의 마음을 파악하여 적의를 품게 되는 것이지요.

사실 나는 어떤 기술도 쓰지 않습니다. 단지 마음을 무(無)로 하여 자연에 순응할 따름 입니다. 제가 이렇게 말하지만 사실 도(道)란 한계 지을 수 없는 것입니다. 그러므로 제가 말하는 것이 최선의 방법이라고는 생각하지 마십시오.

옛날 이야기를 하나 하자면,

우리 옆 동네에 고양이 한 마리가 있었습니다. 그 고양이는 하루 종일 잠만 자고, 부실해 보이는 마치 목석과 같은 고양이였습니다. 아무도 그 고양이가 쥐를 잡는 것을 본적이 없었지만 이상하게도 그 고양이 근처에는 쥐가 한 마리도 얼씬거리지 않았습니다.

어느 날 그 고양이가 이사를 했는데, 이사를 해도 마찬가지로 그 고양이 근처에는 쥐가 얼씬도 하지 않았습니다. 너무나 신기해서 저는 그 고양이를 찾아가 그 이유를 물어 보았습니다. 하지만 그 고양이는 대답해주지 않았습니다. 결국 저는 네 번이나 찾아갔지만 네 번 다 그 대답을 듣지 못하고 돌아왔습니다. 아니 대답하지 않았다기보다는 대답할 수가 없었던 것이지요. 그래서 저는 다음과 같은 사실을 깨닫게 되었습니다.

'아는 자는 말하지 않고, 안다고 말하는 자는 모른다'

그 고양이는 자신도 사물도 모두 잊고 무(無)의 경지에 도달한 것입니다. 신과 같은 무력(武力)을 가지고 있으면서도 아무도 죽이지 않는 그러한 경지에 도달한 것입니다. 저는 그때 그 고양이와 저는 하늘과 땅 차이임을 실감하게 되었습니다.

우연히 고양이들의 이야기를 엿듣게 된 집주인 쇼켄은 어리둥절해져서 마치 꿈을 꾸고 있는 듯했다. 하지만 늙은 고양이의 이야기에 너무나 감동한 쇼켄은 앞으로 나아가 늙은 고양이에게 경의를 표하면서 말하기를,

"저는 오랫동안 검술을 수련해 왔습니다. 하지만 아직 그 도(道)를 완전히 습득하지 못했습니다. 하지만 오늘밤 여러분 각자

의 의견을 듣고 저는 제가 추구해야 할 도(道)에 대한 핵심을 이해할 수가 있었습니다. 만일 가능하시다면 한번 더 도의 깊은 도리(道理)를 가르쳐 주십시오. ”

그러자 늙은 고양이가 말하기를 “안 됩니다. 저는 한낱 짐승에 불과 합니다. 그리고 쥐는 저의 음식일 뿐입니다. 이런 제가 어떻게 인간이 하는 일을 이해할 수가 있겠습니까?

하지만 이처럼 간곡히 부탁하시니 예전에 제가 들은 이야기를 잠시 할까 합니다.

검술이란 상대에게 이기는 것만을 목표로 해서는 안 됩니다. 검술을 할 때는 생사(生死)를 가름하는 중대한 국면에 놓였을 때처럼, 즉 삶과 죽음의 순간에 직면했을 때의 마음으로 칼을 뽑아야 합니다. 무사란 항상 이를 명심하고 이를 배워서 터득해야만 합니다. 그러므로 먼저 생과 사의 이치에 따라서 마음을 곧게 하여 흔들림 없이 자신의 길을 걸어가는 것이 중요합니다.

이리저리 고민하고 생각하다 보면 잡념이 생겨 마음의 평정을 얻을 수가 없습니다. 그래서 평상심이 중요한데, 평상심을 간직한 자는 상대의 변화에 자유자재로 대응할 수가 있습니다. 만일 마음에 조금이라도 잡념이 생기면 그것은 형태로 드러나기 마련입니다. 형태가 있으면 그 형태로 인해 적이 생기게 되며, 자기 자신이라는 존재도 드러나게 되고 맙니다. 결국 외부의 변화에 자유자재로 대응할 수 없게 되고 서로 싸우게 되고 맙니다. 이는 결국 자신의 마음이 먼저 사지(死地) 에 떨어져 힘을 잃게 되는 형상이지요.

이런 자가 어떻게 깨끗한 승부를 할 수가 있겠습니까? 만일 이겼다고 하더라도 이는 요행으로 이긴 것에 지나지 않으며 그 승리란 검술의 본래 모습이 아닙니다. 본래의 마음에는 형태가 없어서 잡념을 모아둘 수가 없습니다. 조금이라도 잡념을 모아두게 되면 기(氣)에도 잡념이 들어오게 됩니다.

기(氣)에 조금이라도 잡념이 들어오게 되면 자유자재로 움직일 수 없게 됩니다. 또한 마음에 의욕이 생기면 너무 힘이 들어가게 되고 반대로 마음에 의욕이 생기지 않으면 기아(飢餓) 상태와 같이 축 처져서 전혀 힘이 들어가지 않게 됩니다. 의욕이 지나치면 기세가 넘쳐서 멈출 수 없게 되고, 의욕이 부족하면 마치 굶주린 것처럼 힘이 들어가지 않습니다. 이로서는 변화에 대응할 수 없습니다. 그러므로 저는 이렇게 생각합니다.

'잡념이 없는 것이란 마음에 잡념을 담아두지 않고 외부의 사물에 의존하지 않으며 적도 없고 자신마저 잊어버리는 상태를 말합니다. 만일 잡념이 생기더라도 이를 거스리지 않고 대응하면 그 잡념은 더 이상 잡념이 아닌 것이 되지요.'

『역경(易經)』에 이런 말이 있습니다.

'생각하지 말고 행하지도 말며 그저 조용히 있으며 움직이지 마라. 그러면 언젠가 세상의 도리를 이해할 수 있을 것이다' 이러한 도리를 이해하고 검술을 배우는 자는 진정한 도에 도달할 수 있을 것입니다.”

늙은 고양이의 이야기를 귀 기울여 들은 쇼켄이 묻기를

“적도 없고 자기 자신도 없다는 말은 도대체 무슨 뜻입니까?”

늙은 고양이가 대답하기를 “자기가 있기에 적 또한 있는 것이지요. 자신이 없으면 적 또한 없는 것입니다. 적이라고 하는 것은 원래 상대와 대면함으로써 생기게 되는 개념이지요. 예를 들어 음과 양, 물과 불과 같은 것이라 할 수 있습니다. 모든 형태가 있는 것은 반드시 대립되는 것이 존재하기 마련입니다. 그러므로 만일 자신의 마음에 형태가 없다고 한다면 대립되는 것도 없어지게 되는 것입니다. 대립되는 것이 없을 때는 다툴 것도 없어지게 되지요. 바로 이러한 상태를 적도 없고 자신도 없다고 말하는 것입니다. 사물과 자신을 모두 잊어버리고 조용하고 잡념이 없을 때가 바로 사물도 자신도 없어지는 순간입니다.

이를 사람들이 알지 못하는 것이 아니라 머리로만 생각하기 때문에 그 진리를 깨닫지 못하는 것입니다. 그러므로, 머리가 아니라 자연의 감각에 순응해서 움직여야 합니다. 이처럼 자신의 마음이 조용하고 잡념이 없을 때는 세계가 자기 자신과 일체(一體)를 이루게 됩니다. 이는 좋고 나쁨이 없어지는 경지입니다. 우리가 힘들어하거나 즐거워하거나 이득을 얻었다고 좋아하거나 손해를 보았다고 억울해 하는 것은 모두 감정의 표현으로 마음에서 나오는 것입니다. 천지(天地)가 아무리 넓다고 하더라도 그것 또한 자신의 마음에서 나오는 판단에 지나지 않습니다.

옛 선현들이 말하기를

'눈 속에 먼지가 들어가면 눈을 뜨기가 힘들고 사물을 잘 볼 수가 없으므로 눈 속에 먼지가 들어가지 않도록 조심하라. 이 먼지가 잡념이니 마음에 잡념이 들어가지 않으면 평온한 마음으로 세상을 살아갈 수가 있다'고 했습니다. 그러므로 티끌이라는 사물이 없을 때 잘 보이는 것입니다. 깨끗해야 할 곳에 사물이 들어 가기 때문에 볼 수 없게 되는 것입니다. 이는 마음도 마찬가지입니다.

또한 선현들이 말하기를

'지금 당신이 천만 명의 적들 속에 둘러싸여 자신의 모습이 마치 먼지와 같은 작은 존재라 할지라도 마음만은 당신의 것임을 명심하십시오. 어떤 강적이라도 우리의 마음을 어떻게 할 수는 없습니다.'

그리고 공자가 말하기를

'신분이 아무리 비천한 자라고 할지라도 그 자의 마음에 확고한 심지가 있다면 세상 어느 누구도 그 마음을 마음대로 움직일 수가 없다'고 했습니다. 만일 당신 안에 망설이는 마음이 있다면 그것이 결국은 적에게 도움이 되는 꼴이 되고 말지요. 제가 말할 수 있는 것은 이것뿐입니다. 그러므로 결국 스스로 반성하고 그 대답을 자기 자신 안에서 찾지 않으면 안 됩니다.

선생이란 기술을 가르치고 그 도리(道理)를 입으로 전달 할 뿐입니다. 진리에 도달하는 것은 모두 자신에게 달린 것입니다. 옛 선현들은 이를 자득(自得), 즉 스스로 깨우친다고 표현했습니다. 이는 또한 이심전심(以心傳心)이라고도 말 할 수 있습니다. 또한 교외별전(敎外別傳)이란 말이 있듯이 깨달음이란 말로 전할 수 있는 것이 아니고 마음에서 마음으로 전하는 것이지요. 그러므로 가르쳐서는 안 된다는 것이 아니라, 결국 선생도 이를 가르칠 수가 없는 것입니다. 이는 오직 선종(禪宗)에서만 전해져 내려오는 가르침이 아니라, 여러 성현들의 말씀이나 예술의 궁극적인 경지에 이르기까지 자득(自得)해야 할 모든 가르침들의 핵심이라고 할 수 있습니다.

가르친다고 하는 것은 깨달아야 하는 것이 자신 안에 있지만 이를 스스로 볼 수 가 없을 때 외부에서 지적해 주는 것을 말하는 것입니다. 그러므로 선생이 그 깨달음을 주는 것이 아닙니다. 선생의 가르침은 간단하며 그 내용 또한 간단한 것입니다. 자신 속에 있는 것을 제대로 찾아서 자신의 것으로 만드는 것은 어려운 일입니다. 이를 곧 견성(見性) 이라고 말합니다. 깨달음이란 망상의 꿈에서 깨어나는 것을 말하며, 눈을 뜬다고 하는 것 또한 망상에서 깨어남을 일컫는 것입니다."

교호(享保) 12년(1727) 6월 어느 화창한 날에

『고양이 대학교』
(원제 : 고양이의 묘술) 원문
猫の妙術

勝軒という倹術者あり、その家に大なる鼠出で、白昼に駆け回りける、亭主その間をたてきり、手飼いの猫にとらしめんとす、彼の鼠、猫のつらへ飛びかかり食いつきければ、猫声を立つて逃げ去りぬ、この分にては叶うまじとて、それより近辺にて逸物の名を得たる猫どもあまた狩りよせ、彼の一間へ追い入れければ、鼠は床のすみにすまい居て、猫来れば飛びかかり食いつき、その気色すさまじく見えければ、猫ども皆尻気みして進まず、

亭主腹を立て自ら木刀をさげ打ち殺さんと追い廻しけれども、手元よりぬけ出て、木刀にあたらず、そこら戸障子からかみ杯たたきやぶれども鼠は宙をを飛んでその早きこと電光のうつるが如し、ややもすれば、亭主の面へ飛び懸かり食いつくべき勢

(日本武道大系中)

り、

勝軒大汗を流し、僕(しもべ)を呼んでいう、これより六七町さきに無類逸物の

ありと聞く、かりてきたれとて、即ち人を遣わし彼の猫をつれよせて見るに、形、

りこうになく、さのみ(たいして)はきはきとも見えず、まず追い入れて見よとて少し戸をあけ、彼の猫を入れければ、鼠すくみて動かず、猫何の事もなく、のろのろと行き、引きくわえて来たりけり。

その夜、くだんの猫ども彼の家に集まり、彼の猫を座上に請じ、いずれも前にひざまづき、我ら逸物の名を呼ばれ、その道に修練し、鼠とだにいわば鼬(いたち)、獺(かわうそ)なりとも取りひしがんと、爪を研ぎ罷り在り候うところ未だにかかる強鼠あることを知らず、御身何の術を以て、容易にこれを討ちたまう 願わくは惜しむことなく公の妙術を伝えたまえとて謹んで申しける。

古猫笑っていう

いずれもわかき猫達、随分達者に働きたまえども、未だ正道の手筋を聞きたまわざること故に、思いのほかのことに逢って不覚をとりたまう。しかしながらまず各々の修行の程を承らんという。

その中に鋭き黒猫一足進み出で、

我鼠を取るの家に生まれ、その道に心がけ七尺の屏風を飛び越えて小さき穴をくぐり、猫子の時より早業軽業に至らずという所なし、あるいは眠りて、表裏をくれ(あざむき)、あるいは不意に起こって、桁梁(はり)を走る鼠といえども捕り損じたることなし、 心外の至りに侍る。

古猫の曰く、

そも汝の修むるところは、所作のみ故に、いまだねらう心あることをまぬがれず。古人の所作を教ゆるは、その道筋をしらしめんためなり。故にその所作、簡易にしてその中に至理を含めり。

後世所作を専らとして、兎すれば角すると、色々のことをこしらえ、功みを極め古人を不足とし、才覚を用い、はては所作くらべというものになり、巧み尽きていかむともすることなし。小人の巧みを極め、才覚を専らとする者、みなかくの如し。才は心の用なりといえども、道にもとづかず、ただ巧みを専らとする時は、偽の端となり、向の才覚かえって害になる事多し。これを以てかえりみ、よくよく工夫すべし。

また虎毛の大猫一足まかり出で、

我おもうに、武術は気然を貴ぶ、故に気を練ること久し。今その気 豁達至剛(かったつしごう)にして、天地に充つるが如し。敵を脚下に踏み、まず勝って然して後進む。声にしたがい、響きに応じて、鼠を左右につけ変に応ぜずということなし、所作を用うるに心なくして、所作おのずから涌き出ず。桁梁を走る鼠は、にらみおとしてこれをとる。然るに彼の強鼠 来るに形なく、往くに跡なし、これいかなるものぞや。

古猫のいう。

汝の修練する所は、これ気の勢に乗じて働くものなり。我にたのむ所ありて然り 善の善なるものに非ず。我やぶって往かむとすれば敵もまたやぶってくる。またやぶるにやぶれざるものある時はいかむ。

我覆って挫かんとすれば敵もまた覆ってくる。覆うに覆われざるものある時はいかむ。

豈(どうして)我のみ剛にして敵みな弱ならんや。

豁達至剛にして天地に充つるがごとく覚ゆるものは皆気の象なり、孟子の浩然の気に似て実は異なり。彼は明を戴かせて剛健なり。これは勢に乗じて剛健なり。故にその用もまた同じからず。江河の常流と、一夜洪水の勢いとのごとし、且つ 気勢に屈せざるものある時はいかん。窮鼠かえって猫を噛むということあり。彼は必死に迫ってたのむ所なし。生を忘れ、欲を忘れ、勝負を必とせず、身を全うするの心なし。故にその志金?のごとし。かくの如き者は豈(どうして)気勢をもって服すべけんや。

また灰毛の少し年たけたる猫静かに進みて いう、

仰せのごとく気は旺(さかん)なりといえども象(かたち)あり、象あるものは微なりといえども見つべし。我心を練ること久し、勢をなさず、物と争わず、相和して戻らず、彼強き時は、和して彼に添う、我が術は帳幕をもってつぶてを受くるがごとし、強鼠ありといえども、我に敵せんとして拠るべき所なし。然るに今日の鼠、勢にも屈せず、和にも応ぜず、来往神のごとし、我未だかくの如きを見ず、

古猫のいう、

汝の和というものは、自然の和にあらず、思うて和をなすも

のなり、敵の鋭気をはずれんとすれども わずかに念にわたれば、敵その気を知る、心を和すれば、気濁りて惰に近し、思うて為す時は、自然の感をふさぐ、自然の感をふさぐ時は、妙用、いずれより生ぜんや、ただ思うこともなく、為すこともなく、感に随うて動く時は我に象なし、象なき時は天下和に敵すべきものなし。然りといえども、各々の修するところ、ことごとく無用の事なりというにはあらず、道器一貫の儀なれば、所作の中に至理を含めり。

気は一身の用をなすものなり。その気豁達なる時は、物に応ずる事きわまりなく、和する時は力を闘わしめず、金石にあたりても、よく折るることなし。然りといえども わずかに念慮に至れば、皆作意とす、道体は自然にあらず。故に向うもの心服せずして、我に敵するの心あり。我何の術をか用いむや。無心にして自然に応ずるのみ。

然りといえども、道きまわりなし、我いうところをもって至極と思うべからず。

昔我が隣郷に猫あり、終日眠りいて気勢なし、木にて作りたる猫の如し、人その鼠を取りたるを見ず、然れども彼の猫の至るところ 近?に鼠なし、ところを替えても然り。

我行きてその故を問う、彼の猫答えず。四度問えども、四度答えず。答えざるにはあらず、答うるところを知らざるなり。

これをもって知る、知るものは言わず、いうものは知らざることを。彼の猫は、己を忘れ物を忘れて物なきに帰す、神武にして殺さずというものなり。我もまた彼に及ばざること遠しと。

勝軒夢のごとくこの言を聞いて出て、古猫に揖して(お辞儀して)曰く、

我剣術を修すること久し、未だその道を極めず。今宵各々の論を聞いて我が道の極意を得たり、願わくはなおその奥義を示したまえ。

猫いう 否 我は獣なり、鼠は我が食なり、我何ぞ人のことを知らんや。然れども、われひそかに聞きしことあり。それ剣術は専ら人に勝つことを努むるにあらず 大変に臨みて生死(しょうじ)を明らかにするの術なり。士たるもの常にこの心を養い、その術を修せずんばあるべからず。故にまず生死の理に徹し、この心偏曲なく、不疑不惑、才覚思慮を用ゆる事なく心気和平にして物なく、潭然として常ならば変に応ずること自在なるべし。この心わずかに物ある時は状(かたち)あり、状ある時は敵あり我あり、組対して角ぶ(くらぶ)、かくの如きは変化の妙用自在ならず 我が心まず死地に落ち入て靈明を失う、なんぞ快く立って明らかに勝負を決せん。たとえ、勝ちたりとも、盲勝ちというものなり、剣術の本旨にあらず、

無物とて、頑空をいうにはあらず。心もと形なし、物を蓄う

べからず。わずかに蓄える時は、気もまたそこによる。この気わずかによる時は、融通豁達なることあたわず。

向かうところは過ごして向かわざるところは不及なり。過ぎる時は勢い溢れてとどむべからず。不及なる時は飢えて用をなさず。共に変に応ずべからず。

我がいわゆる無物というは 蓄えず よらず 敵もなく我もなく物来るに随って応じて迹(あと)なきのみ。易曰、無思無為、寂然不動感而遂通於天下之故。この理を知って剣術を学ぶ者は道に近し。

勝軒これを聞きて、何をか敵なく我なしという。

猫曰く、我あるが故に敵あり、我なければ敵なし、敵というは、もと対峙の名なり、陰陽水火の類のごとし、およそ形象あるものは必ず対するものあり、我が心に象(かたち)なければ対するものなし。対するものなき時は比ぶるものなし、これを敵もなく我もなしという。心と象と共に忘れて潭然として無事なる時は、和して一なり、敵の形をやぶるといえども我も知らず、知らざるにはあらず、ここに念なく、感のままに動くのみ。この心潭然として無事なる時は、世界は我が世界なり。是非好悪、執滞なきの謂なり。皆我が心より苦楽得失の境界と為す、天地広しといえども、心の外に求むべきものなし。

古人曰く、

眼裏有塵三界窄心頭無事一生寛 眼中わずかの塵沙の入る時は眼開くこと能わず。元来物なくして明らかなる所へ、物を入るるが故にかくの如し、この心のたとえなり。

また曰く、千万人の敵の中にあってこの形は微塵になるとも、この心は我が物なり。大敵といえどもこれを如何ともすること能わず。 孔子曰く 匹夫もその志を奪うべからずと、もし迷う時はこの心かえって敵の助けとなる。

我という所ここに止まる ただ自反して我に求むべし。師はその事を伝え、その理を暁す(さとす)のみ。その真を得る事は我にあり。これを自得という 以心伝心ともいうべし。教下別伝ともいうべし。

教えを背くというにはあらず、師も伝えること能わざるをいうなり。ただ禅学のみにあらず。聖人の心法より芸術の末に至るまで自得の所は皆以心伝心なり。教下別伝なり。教えというは、その己にあって自ずから見ること能わざる所を指して知らしむるのみ。師よりこれを授くるにはあらず。教えることもやすく、教えを聞くこともやすし、ただ己にある物をたしかに見付けて我が物にすること難し。これを見性という。悟とは妄想の夢のさめたるなり、教というも同じ、かわりたることにはあらず。

享保12年6月

『고양이 대학교』(원제 : 고양이의 묘술) 영문 요약문

The translation of Nekono Myojutsu(猫の妙術) and its Philosophical Interpretation

Kim, Hyun Yong

Nekono-Myojutsu(猫の妙術),written by the swordsman, Itsai Chozansi (佚齋樗山子), while being a guide to the practice of swordsmen skills or mentality is also a book of implied Eastern philosophy and Buddhist thought. This work keeps in mind Cock Fighting of Chuang-tzu and adapts it to the subject of the attitude for Kumdo training and expresses allegorically the pursuit of the true way that consists not in technique and strength but in an emptied and free mind.

Three cats express three types of Kumdo trainers. With the first type, the writer points out the limitations of Kumdo training based on artificial knowledge and the need for complete freedom united with nature. With the second type, he emphasizes attaining the state of detachment and freedom that is not a temporary energy or strength based on youth. With the third type, he points out the danger of an artificial softness and advises emptying the mind and adapting to nature. The protagonist, Shoken, is impressed by the teaching of the old cat and when he asks for teaching about the true way, the old cat says that when one forgets about property and self, one unites the outside world with self and is moved to adapt oneself to the senses of nature. The old cat also emphasizes that this truth must be realized for oneself.

In conclusion, the above-stated types teach that the functional characteristics of Kumdo training are 「Skill, Force, Spirit, Mind」 and the purpose of Kumdo training is not victory in competition but the building of personal character.

찾아보기

ㅊ

ㅋ

ㅌ

ㅍ

ㅎ

고양이 대학교

고양이에게 배우는 마음공부

발행일 초판 1쇄 2011년 4월 25일

지은이 잇사이 쵸잔시
번역 · 해설 김현용
감수 이부현

펴낸이 고진숙
펴낸곳 안티쿠스
책임편집 김종만
북디자인 이춘희
출력 GS테크
인쇄 · 제본 상지사피앤비
물류 문화유통북스

출판등록 제300-2010-58호(2010년 4월 21일)
주소 서울시 종로구 부암동 129-8 울트라타임 730 오피스텔 612호
전화 02-379-8883, 02-723-1835
팩스 02-379-8874
홈페이지 www.antiquus.co.kr
이메일 mbook2004@naver.com

값은 뒤표지에 있습니다.

ISBN 98-89-92801-16-4 03320